吳忠信日記補編
（上）

The Diaries of Wu Chung-hsin

Supplement - I

民國日記｜總序

呂芳上
民國歷史文化學社社長

　　人是歷史的主體，人性是歷史的內涵。「人事有代謝，往來成古今」（孟浩然），瞭解活生生的「人」，才較能掌握歷史的真相；愈是貼近「人性」的思考，才愈能體會歷史的本質。近代歷史的特色之一是資料閎富而駁雜，由當事人主導、製作而形成的資料，以自傳、回憶錄、口述訪問、函札及日記最為重要，其中日記的完成最即時，描述較能顯現內在的幽微，最受史家重視。

　　日記本是個人記述每天所見聞、所感思、所作為有選擇的紀錄，雖不必能反映史事整體或各個部分的所有細節，但可以掌握史實發展的一定脈絡。尤其個人日記一方面透露個人單獨親歷之事，補足歷史原貌的闕漏；一方面個人隨時勢變化呈現出不同的心路歷程，對同一史事發為不同的看法和感受，往往會豐富了歷史內容。

　　中國從宋代以後，開始有更多的讀書人有寫日記的習慣，到近代更是蔚然成風，於是利用日記史料作歷史

研究成了近代史學的一大特色。本來不同的史料，各有
不同的性質，日記記述形式不一，有的像流水帳，有
的生動引人。日記的共同主要特質是自我（self）與私
密（privacy），史家是史事的「局外人」，不只注意史
實的追尋，更有興趣瞭解歷史如何被體驗和講述，這
時對「局內人」所思、所行的掌握和體會，日記便成
了十分關鍵的材料。傾聽歷史的聲音，重要的是能聽
到「原音」，而非「變音」，日記應屬原音，故價值
高。1970 年代，在後現代理論影響下，檢驗史料的潛
在偏見，成為時尚。論者以為即使親筆日記、函札，亦
不必全屬真實。實者，日記記錄可能有偏差，一來自時
代政治與社會的制約和氛圍，有清一代文網太密，使讀
書人有口難言，或心中自我約束太過。顏李學派李塨死
前日記每月後書寫「小心翼翼，俱以終始」八字，心所
謂為危，這樣的日記記錄，難暢所欲言，可以想見。二
來自人性的弱點，除了「記主」可能自我「美化拔高」
之外，主觀、偏私、急功好利、現實等，有意無心的記
述或失實、或迴避，例如「胡適日記」於關鍵時刻，不
無避實就虛，語焉不詳之處；「閻錫山日記」滿口禮義
道德，使用價值略幾近於零，難免令人失望。三來自旁
人過度用心的整理、剪裁、甚至「消音」，如「陳誠日
記」、「胡宗南日記」，均不免有斧鑿痕跡，不論立意
多麼良善，都會是史學研究上難以彌補的損失。史料之
於歷史研究，一如「盡信書不如無書」的話語，對證、
勘比是個基本功。或謂使用材料多方查證，有如老吏斷
獄、法官斷案，取證求其多，追根究柢求其細，庶幾還

原案貌，以證據下法理註腳，盡力讓歷史真相水落可石
出。是故不同史料對同一史事，記述會有異同，同者互
證，異者互勘，於是能逼近史實。而勘比、互證之中，
以日記比證日記，或以他人日記，證人物所思所行，亦
不失為一良法。

　　從日記的內容、特質看，研究日記的學者鄒振環，
曾將日記概分為記事備忘、工作、學術考據、宗教人
生、游歷探險、使行、志感抒情、文藝、戰難、科學、
家庭婦女、學生、囚亡、外人在華日記等十四種。事實
上，多半的日記是複合型的，柳貽徵說：「國史有日
歷，私家有日記，一也。日歷詳一國之事，舉其大而略
其細；日記則洪纖必包，無定格，而一身、一家、一
地、一國之真史具焉，讀之視日歷有味，且有補於史
學。」近代人物如胡適、吳宓、顧頡剛的大部頭日記，
大約可被歸為「學人日記」，余英時翻讀《顧頡剛日
記》後說，藉日記以窺測顧的內心世界，發現其事業心
竟在求知慾上，1930 年代後，顧更接近的是流轉於學、
政、商三界的「社會活動家」，在謹厚恂恂君子後邊，
還擁有激盪以至浪漫的情感世界。於是活生生多面向的
人，因此呈現出來，日記的作用可見。

　　晚清民國，相對於昔時，是日記留存、出版較多的
時期，這可能與識字率提升、媒體、出版事業發達相
關。過去日記的面世，撰著人多半是時代舞台上的要
角，他們的言行、舉動，動見觀瞻，當然不容小覷。
但，相對的芸芸眾生，識字或不識字的「小人物」們，
在正史中往往是無名英雄，甚至於是「失蹤者」，他們

如何參與近代國家的構建，如何共同締造新社會，不應該被埋沒、被忽略。近代中國中西交會、內外戰事頻仍，傳統走向現代，社會矛盾叢生，如何豐富歷史內涵，需要傾聽社會各階層的「原聲」來補足，更寬闊的歷史視野，需要眾人的紀錄來拓展。開放檔案，公布公家、私人資料，這是近代史學界的迫切期待，也是「民國歷史文化學社」大力倡議出版日記叢書的緣由。

補編導言

王文隆
南開大學歷史學院副教授

　　《吳忠信日記》原藏於中國國民黨黨史館，並有副本存於國史館，始於 1926 年，終於 1959 年，除 1937 年及 1938 年之日記因 1941 年年底香港淪陷焚毀之外，三十四年間的日記大抵完整。由於吳忠信是蔣中正身邊極重要的幕僚與親信，協助蔣中正鞏固地方、協調邊疆、穿梭傳話以及調和人事，日記所述能大大補充檔案史料之外的細節，且能與時人日記相比對，更臻事實之完整。然日記原件皆為手稿，多半為較難辨識的手寫體，不僅沒有句讀，更有草書、行書與異體、錯漏間雜其中，增加了識讀的難度，加以該日記取見不易，以往利用者並不多。現經民國歷史文化學社敦請專家協助識讀，並重新編排打字，自 2020 年夏天起陸續出版，增益研究者取用該資料的便利性，而今已然陸續出現利用該日記為據撰述的研究成果，豐富了中國近現代史關於政黨政治、邊疆治理、央地關係，以及戰時動盪的認識。

　　吳忠信一如當時代裡的幾個重要人物一般，相當重視往後的歷史評價，除了存留最直接的日記文本外，亦自行整理日記或相關文書，或是委請幕僚協助收整相關資料、謄錄日記內容，也會提取日記重閱再加增刪，以

此做為百年之後為己篆刻的豐碑、辯護的資材，這也是
《西藏紀遊》、《入藏日記》以及《吳忠信主新日記》
之所以彙整出版的原因。然而，外界所不能知悉的是，
除了這些所見的資料之外，吳忠信是否還留存了其他相
關的文件。

補編緣起

　　吳忠信與元配惟仁夫人未有子嗣，後引入側室留有
四個孩子，一女三男，分別是馴叔、申叔、庸叔、光
叔，前兩名為側室湘君所生，後兩名為側室麗君（麗
安）所生。年紀最大的長女馴叔於中央大學畢業後，赴
美留學伊利諾大學期間，嫁給了計量經濟學家林少宮，
在美生下長子子美與次子子久。吳忠信對於外孫的出世
相當高興，兩個孩子的名字也都是吳忠信取的。馴叔在
1954 年隨丈夫帶著兩個稚齡的孩子子美、子久回到中
國大陸。爾後，林少宮被安排到位於武漢的華中工學院
（現為華中科技大學）任教，馴叔也在該校擔任外語教
學工作，舉家在此定居，囿於當時臺海兩岸局勢所限，
馴叔不得不斷了與臺灣的聯繫。長子申叔為知名畫家，
除了畫作留世之外，最轟動的要屬與明星王莫愁的姻緣
佳話，然婚後三年即於 1967 年因肺病辭世。次子庸叔
臺大農業水利工程系肄業，考取赴美留學資格，爾後成
為知名的電算專家，2021 年因 COVID-19 在美辭世。
幼子光叔在臺大機械系畢業後亦考取赴美留學，改習工
程，為留美工程學家，曾於 1982 年 2 月於北京和鄧小
平會面，之後返臺擔任第一銀行董事長，亦投資華一銀

行任董事長,為知名銀行家,於 2002 年辭世。

　　吳忠信除日記外,另有來臺後於閒暇間追述的補記,封面題為《禮老日記手稿》。吳忠信於 1959 年 12 月 16 日因肝病身故於臺北榮民總醫院,於次年 4 月 26 日葬於陽明山公墓。吳忠信故去時,因馴叔滯留大陸未歸、庸叔在美求學,該手稿先存於長子申叔處,申叔過世後,轉由次子庸叔與幼子光叔保管,大多數時間存於庸叔處。馴叔次子子久於 1983 年赴美發展,其兄子美於兩年後亦前往美國留學,自此在美定居,兩兄弟在美與庸叔、光叔聯繫上。隨著庸叔自覺年事漸高,慮及子嗣皆在美出生,不識中文,乃於 2011 年將《禮老日記手稿》轉交子久庋藏。為避免原件損耗,在子美的建議下,子久將原件數位化,製成 PDF 檔案,永久保存。因而《禮老日記手稿》的複印件也存了一份於子美處,由他帶返武漢呈母親親睹,一解馴叔因兩岸分隔而未盡的思念。兩岸局勢和緩之後,子美、子久皆曾來臺祭掃吳忠信墓。

　　民國歷史文化學社出版《吳忠信日記》的消息,在學界頗有流傳,馴叔、庸叔亦獲悉此事。子美知編者為後學,於 2021 年 4 月初來函致意,這是我身為《吳忠信日記》編者與家屬的第一次接觸。藉著 2021 年 7 月初受邀造訪華中師大演講的機會,我往訪長居武漢的馴叔,並見了自美返華陪伴母親的子美,我們相談甚歡,也與遠在美國的子久視訊,在我造訪武漢的短短四天內,我們見了兩回。對一個編者來說,能親眼見到所編資料中的人物,聊一聊日記中所出現的一些記事,藉以對比和

驗證，是一件相當幸福的事。生於 1926 年的馴叔年事已高，但對於年輕時的記憶卻仍深刻，她還能清晰而準確地唱起南開中學的校歌，對於父親也懷有諸多思念。

就在此行，我從子美處見到了《禮老日記手稿》的複印本，經翻閱後感其價值，乃談及在臺出版的可能，獲得家屬的正面回應。我深謝家屬對我的信任，同意該手稿由我協助辨識、繕打與校訂，同樣交民國歷史文化學社出版，列於已出版之《吳忠信日記》系列補編。家屬本於史料共享的初心，並沒有提出額外的要求，對於內容也尊重原著不加增刪，全數保留。經過約莫一年的著錄與校讀，期間還遭逢天津數度疫情反覆的干擾，《禮老日記手稿》於 2022 年初夏完成相關的編校工作，進入出版排程。

補編內容簡介

《禮老日記手稿》起自 1918 年，終於 1942 年，年份並不連貫，僅有 1918-1919、1926、1928-1938、1941-1942 年。

該批資料封面雖寫著《禮老日記手稿》，但或許能區分為兩個部分。

第一部分是 1918-1919、1926、1928-1938 年這幾塊，嚴格來說並不是日記，它沒有逐日記事的特性，基本是事後的追記，而也由於是事後所補，或是以原存日記為憑的追述，使得這部分比較像是紀事本末。例如 1918-1919 年這部分，並沒有原存的日記，吳忠信便以時間為軸、事件為繫，詳述前因後果與發展，追述跟隨孫中

山參與南方護法軍政府的重大事件，以及和蔣中正一同參與援閩粵軍的交往。又如 1926 年這部分，吳忠信已經開始寫日記了，雖零零散散並不連貫，然仍以日記為本，按日錄下覺得重要的事件本末，例如 1926 年 12 月間受蔣中正之邀而參政，便以六頁的篇幅詳載始末。此外，他還特別書及同意參政時與蔣中正言定的三項說明，即擁護蔣中正為領袖、不再帶兵，以及只聽最高黨政命令三條，並強調此後參政皆以此為圭臬。

第二部分是 1941-1942 年，自日記摘要整理、重新謄錄而成的《卅年冬甘寧青考察日記》與《卅一年夏赴陝甘寧青新日記》，這書稿在 1958 年 6 月整理完成，分別載錄 1941 年 10 月 23 日起至同年 12 月 17 日赴甘寧青考察黨政，以及 1942 年 8 月 15 日至同年 9 月 14 日，陪同蔣總裁與蔣夫人視察西北，並隨蔣夫人視察新疆的紀事。該部分脫於原本日記，但有增刪，添了一些背景的補述。除了日記之外，吳忠信還以該年度的大事為附記，同樣採紀事本末的方式附錄於後，就編排的情況看來，這應該是原本計畫要出版的。然而，或因吳忠信爾後身體情況不佳，這段日記未及刊印，僅留下手稿，至今才面世。

結語

《吳忠信日記補編》最好能和《吳忠信日記》搭配閱讀，後者是逐日錄事，貼近當日感受，前者是紀事本末，敘事較具脈絡，兩者互為補充，能更掌握吳忠信的思路。或許吳忠信本有在退休後逐年編錄補編的計畫，

一如同鄉好友刁抱石在《吳禮卿先生逝世悼念專輯》追憶：吳忠信在晚年想寫回憶錄或自傳，然而卻事與願違，編錄未完便駕鶴西歸。

　　吳忠信一生公忠體國，對於家人的惦念也常表現於日記中，尤其著重於家人的健康、孩子的前途和出路。而今，他的子孫們透過授權，使吳忠信的手稿能便於閱覽和利用，也算是一種反哺吧。家屬對於資料公開的無私，以及對於日記出版的支持，皆使學界有機會一睹吳忠信的內心世界，搭配上史料與其他周邊的素材，小至個人史、生活史、家族史，大至民國政治史、邊疆史與宗教史，都能有所拓展，在此深致謝忱。

編輯說明

一、本書分為兩部分，第一部分為吳忠信日記補編，
其中 1937-1938 年已收錄於《吳忠信日記（1937-
1939）》中，茲為維持家屬提供資料的完整性，再
錄於本書中。第二部分為闕漏補遺，經熱心讀者提
供日記原稿缺頁，謹申謝忱。

二、古字、罕用字、簡字、通同字，在不影響文意下，
改以現行字標示。編註以【】標示。

三、作者於書寫時，人名、地名、譯名多有使用同音異
字、近音字，落筆敘事，更可能有魯魚亥豕之失，
為存其真，恕不一一標註、修改。

目錄

下冊

吳忠信日記補編

1918 年（民國 7 年）　35 歲

此半頁剪下印入先生逝世十周年紀念集中，因原稿汙損，遂將此即就之頁補貼於上。

昆田誌　五八、十二、廿二

奉總理電召赴粵及總理砲擊粵督莫榮新

余于昨年十二月初旬，奉總理電召赴粵，即于是月抄起程，並約參議院議員高季堂表兄同行（乘日本輪船，在輪中度聖誕節）。抵廣州後，隨即赴河南土敏土廠晉謁經理，適總理偶抱採薪，即在病榻與余見面。正在此時，有一位廣東同志向總理報告，因我不懂粵語，窺其慷慨態度，是要奮勇殺敵。稍頃某同志退出，總理向我曰：「你來很好，廣東督軍莫榮新不聽命令，誘殺潮梅司令金國志，諸同志決定討伐，現在一切都已佈置妥當，即要發動。」我問總理將才向先生報告是什麼人？答曰李安邦，他很有力量，很勇敢，很靠著。我又曰先生臥病在床，如何興師？答曰小病不要緊，隨時可以起床的。總理問我，你到此地見過什麼人？答曰沒有，擬見過先生後，再去與胡展堂（漢民）諸同志見面。總理憤怒曰他們都不贊成討伐莫榮新，接著說祁耿寰、劉景雙都在此任護衛。我答曰祁、劉兩同志射擊準確，劉是東北有名槍手，我深知此二人，以之任護衛非常合宜的（按：祁是東北人，曾于民國元年任安徽省會警務處長，劉原來是張作霖親信，嗣因反張失敗逃奔上海，由我介紹謁見總理，加入中華革命黨）。我辭出，

即往照霞樓訪胡展堂諸同志。展堂首先問我，你見過先生（總理）沒有？答曰見過了。他怎麼說的？答曰他就要討伐莫榮新，說你們不贊成。展堂曰本人雖不贊成，大家同志都不贊成的，因為毫無實在力量，如何可以發動？我們屢次勸告，不但不聽，反罵我們不革命，你見先生時還有什麼人在旁？答曰有夫人及一位廣東同志李安邦。展堂曰，就是一班無知無識、毫無力量，如李安邦者，常在先生面前自告奮勇，真是太誤事了，現在海軍總司令程壁光表示反對，粵軍總司令陳炯明態度猶疑，其他方面表示響應與擁護都不靠著的。展堂接著說，你新到廣州，說話較為方便，請你再去向先生說一次話，希望先生改變主張如何？翌朝，我再去見先生報告昨日與展堂諸同志見面談話情形，他們認為力量不夠，目前不能發動，就是告奮勇的人，亦是靠不著的。先生聽後曰，你去轉告漢民（展堂），他們都不革命，我（孫）一個人革命。言下非常憤慨，事已如此，勢在必行。我告展堂諸同志曰，先生既決定革命，我們只有服從，一致行動。展堂曰，必定失敗，先生如此堅決，我（胡）有何說焉？

我抵達廣州先後三日，正值總理積極預備發動討伐莫榮新，海軍程壁光為桂利用，將大部海軍調離廣州，泊于黃浦。而在粵同志又大多不贊成，我從中疏解，亦未得結果。我是第一次來粵，人地生疏，言語不通，與許汝為（崇智）同住西豪酒店，朝夕相商如何團結內部。至一月二日，莫榮新又擅捕軍政府衛兵數十人，這真火上加油，使先生忍無可忍，突于一月三日晚率親信

數人及護衛人員登同安、豫章兩艦，向觀音山督軍署（莫榮新即住在該處）發砲轟擊，至拂曉始止，各方無一響應者，而敵人亦無一砲還擊。此次乃係一小部海軍發動，終因勢孤而停火。莫榮新恐事態擴大，命令各軍不准開火，且知理屈，挽人調停，卑辭謝罪。

我與許汝為兄于清晨往謁先生，雖通夜辛苦，精神仍是非常健旺。先生問外面情形如何？我答曰，沙面（外人居留地）外國領事們議論，孫逸仙砲轟一夜，陸上大軍雲集未還一彈，證明孫逸仙是中國最有力量第一個人。先生聞之甚為欣慰。

參加援閩粵軍

查援閩粵軍成立係總理孫先生命胡漢民、汪精衛與桂系磋商，又經廣東省長朱慶瀾熱心幫助，桂系允撥省警衛軍二十營（每營有三百支步槍或二百五十支步槍不等），嗣大元帥（總理）命令陳炯明為援閩粵軍總司令、鄧鏗（仲元）為參謀長（少將階級）。

自總理砲擊廣東督軍莫榮新後，革命黨人在精神上雖有重大之收獲，但在廣東難以立足。我與許汝為兄（崇智）晉謁總理，談及今後軍事計劃，總理命我們加入援閩粵軍衛隊，你們去接收，先行組織起來拱衛軍政府云云。當即詢問鄧仲元參謀長，兩營軍隊現在何處？鄧曰桂系恐先生（總理）有軍事行動，所以將此兩營軍隊一併交與陳競存（炯明）。再請鄧向陳交涉撥回，陳不允（聞陳早與桂系有約），先生聞之很不愉快。嗣經鄧參謀長從中斡旋，請我們加入粵軍援閩，俟至汕頭再

談軍隊（須知當時革命武力何等重要，以兩營破爛隊伍
都視為難得之力量）。汝為兄擬擔任粵軍後勤司令，未
得競存允許，經與鄧參謀長磋商，聘請汝為為總司部顧
問，我為總司令部參議，此乃我們開始加入粵軍之經過
情形也。

由廣州赴汕頭及許崇智同志為支隊司令

　　二月中旬，余與許汝為同志（崇智）等經香港赴
汕頭，迨抵汕頭後，即下榻粵軍總司令部（舊鎮守使
署），不時與陳總司令、鄧參謀長商談軍事，甚為相
洽。其結果，陳總司令任命許崇智同志為粵軍第二支隊
司令，轄粵軍四營，計關國雄兩營、徐軍雁一營均係粵
籍，謝文炳一營係湘籍。謝營在廣東素以能戰名，當時
粵軍二十營中，非粵籍就是湘籍，有湘籍司令洪兆麟要
求謝營歸其指揮，謝亦有願往之意，余愛謝營能戰，經
余說服，謝氏仍歸許支隊，其中頗有爭執。

　　按陳競存總司令素來與總理及胡漢民先生等不融
洽，為何此次任命汝為兄為支隊司令，其原因有三：

1. 挽回總理砲擊莫榮新，陳未能響應之遺憾。
2. 為團結廣東內部，對他有所幫助。
3. 桂系原撥兩營衛隊與總理，為陳所接收，如此對總理
　可以作一交代。

蔣介石同志與余分任總司令部上校參謀（民國7年）

　　三月初旬，陳總司令任命介石同志與余為總司令部
上校參謀，介石負總司令部作戰之責，我以總部上校參

謀名義負幫助許支隊之責，這亦就是鄧仲元參謀長主張他與蔣在內部，我與許在地方。我向鄧表示，我此次幫助汝為，有幾點理由：

1. 以革命同志精神幫助汝為。
2. 以友誼關係幫助汝為。
3. 以客卿地位幫助汝為。
4. 我是總司令部參謀，隨時可以回部服務。

皖籍方振武同志所部請求隨余援閩
（民國 7 年事，48 年 1 月回憶）

靖國軍統領方振武（號叔平，安徽壽縣人）所部兩營，在粵軍未到潮汕之先，即駐防潮安，該軍用五色旗，隸屬政學系體系。方想加入粵軍援閩，未得政學系許可。方因所部雖多是江皖子弟，尤其多是革命黨員，認為政學系無前途可言，憤而自動下野，將所部交白芳鑫（幼丞）統率。方臨行時告其所部：「本人自己離開部隊，你們若遇到困難，可以請教新到汕頭吳忠信先生，或請他帶你們攻閩，然後帶你們回安徽，吳先生決不欺人」云云。自方去後，白芳鑫等一再請我指揮，改用青天白日滿地紅旗。我以為革命黨人帶革命軍隊是很自然的，何況援閩軍力薄弱，亦應予以增強。當即商同陳競存、許汝為、鄧仲元，諸君一致贊成，並允改為援閩軍番號。我即前往接管，但政學系堅決反對，當然不願真正總理信徒如我者握有實力。但競存雖口頭贊成，其內心亦不願我們增加勢力，更不敢開罪政學系。因此一時為環境所迫，又無糧的接濟，只得照該軍原始命

令，開赴廣州。白芳鑫同志與我分手時說：「送吳先生七九步槍三支，請吳先生多加保重，我們打回安徽再會罷。」他們對我如此熱情，我無法維護他們，我內心感愧交加，這是我最痛心一件事。我將白同志送我的步槍三支，即交已到潮汕曾與我在江皖革命同志陸學文、余立奎、宋世科、衛立煌、王先友、陸冠羣諸君，這就我到潮汕所得的武力。後來我轉戰閩、粵、桂各省，發展到一旅之眾，名聞西南能戰部隊，即是此三支槍之發源也。

　　按：方振武同志家住壽縣西南，我家住合肥縣北鄉，彼此相距約八十華里。方同志自幼務農，家境清寒。嗣至南京投效江南陸軍第九鎮輜重營、我的同學蘇宗轍隊官（就是連長）部下充任頭目，運用下級革命。我當時在第九鎮任步兵營長與司令部參謀等中級職務，深知方同志活動情形。辛亥革命軍興，方同志任營長、團長等職。迨癸丑二次革命之役，方同志在徐州作戰，身負數傷。二次革命失敗，亡命日本，加入中華革命黨。民國五年西南討袁軍興，方同志到廣東，正值政學系、岑春煊、陸榮廷盤據兩廣，聞方由冷禦秋先生介紹參加討袁軍事。此乃方同志到廣東參加軍事之大慨情形也。

許支隊■……■上杭之責

　　許支隊就以負何方戰事為相宜，頗費躊躇。余一再與仲元參謀長磋商，我們願到遠的地方、苦的地方，如閩贛邊區汀州一帶，可以警戒江西敵人突擊，同時洪兆

麟司令亦要求前往汀州，經仲元參謀長之運用，乃得陳總司令同意許支隊前往該方。

汕頭大地震（民國 7 年）

　　某日上午十時左右，汕頭忽然地震，死傷非常慘重。汕頭街道狹窄，所有房屋極大多數倒塌，交通為之阻塞，秩序因此大亂，壓在倒塌房屋之下同胞，死者死矣，未死者呼救之聲不忍入耳。人民素無地震經驗，驚慌失錯，手忙腳亂，既無救濟計劃，更無救濟能力，因此死傷更多、更慘。究竟死傷多少人，亦無調查，傳說紛紛，真是一場浩劫。在大震之後，連續不斷大小不等震動約有三日之久。第一天約隔一小時或半小時即有一次震動，我與許汝為、古湘芹（應芬）、羅翼羣、許濟等住在總司令部花園，晚間不敢入室就寢，均在花園走廊臨時休息，不解衣、不脫鞋，一有震動，即群起走到花園空地，以策安全。

由汕頭經潮安赴蕉嶺

　　三月中旬，余與許汝為司令及許之參謀長羅翼羣、副官長許濟、軍需萬雲階等司令部人員先赴潮安，古應芬（湘芹）先生等特別客氣，隨車遠送潮安。迨抵潮安後檢查行李，首先遭遇一件最不愉快的事，就是遺失一個皮箱，而箱內有許司令的支隊司令印信一個，許副官長負行李運輸之責者。惟時間已晚，而潮安日前同樣與汕頭遭受地震之慘禍，交通尚未恢復，我們所乘火車又已開回汕頭，當夜實無法找尋，大家非常著急。古湘

芹兄尤為焦慮，古說：「陳競存（炯明）素來不信我們
的，看不起我們的，說我們無能的，所以仲元兄請禮卿
兄來幫忙汝為的，我們一出發就失去印信，太不成話說
了，競存對我們必定更加輕視，無論如何要設法找回」
云云。古先生是一個純粹讀書人，非常熱心，一夜失
眠，天將破曉，即來催我們起身商量辦法。比即分頭尋
覓，並一面分電潮汕鐵路沿途車站，予以調查。嗣後汕
頭車站電話，昨日有乘客在車內遺留皮箱一個，已代為
保存。隨即領回，印信尚在箱內，皆大歡喜。真是令人
可笑一件事，亦是給司令部人員一個嚴重教訓。

　　第二支隊在潮安集中後，即向蕉嶺出發，迨抵蕉嶺
後，余與許司令下榻當地巨紳徐宅，其他司令部職員則
住徐氏宗祠。

蔣參謀抵蕉嶺，我主張急攻福建

　　蔣參謀既負總司令作戰責任，即赴各處檢閱軍隊，
三月尾抵達蕉嶺，即與我們同住徐宅，朝夕相談，約有
三日之久。當時粵軍環境是前有敵人，後有桂系，自將
粵軍送至潮汕一帶，又不准駐防梅縣，是一種聽其自生
自滅，尤以粵軍兵力有限，隨時可以發生危險，所以我
主張立即進攻福建，倘久駐閩粵邊境，必無生存之理。
我們來此是為革命求發展的，不是在此統帶一千雜色破
槍軍隊的，如不前進，我一定離開蕉嶺，請你回去轉告
競存、仲元。蔣的結論，軍隊到此不久，暫時可以不要
表示態度云云。蔣回到總司部後，來函謂人家都不願作
戰，你們今後少說此事。

困守蕉嶺，並極積發動福建各處民軍為我進攻之響應

我們駐蕉嶺一個多月，除調查閩邊敵情與交通等等外，進攻遙遙無期，實在無聊以極。第二支隊司令部人員按編制只有二十餘人，乃盡多至五十餘人，都是來自各方革命黨人，每人每月發給毫洋二十元或十六元不等，苦不堪言。

粵軍向閩邊開始軍事行動

總理辭去大帥元，非常國會選岑春煊、陸榮廷等七人為政務總裁，並以岑為主席。粵軍以總理既離廣州，深感後方無人支持，尤恐政學系與桂系聯合消滅粵軍，而敵人有四個師，另步兵十八團，計六萬人，隨時可以進攻潮梅，粵軍只有二十營，人數約六千人，所以決定冒險，向福建開始軍事行動，以圖生存。即以陳總司令自任中路、鄧參謀長任右翼、許司令任左翼，並以中路與右翼取守勢，左翼向上杭、武平取攻勢。我們向來主戰，自應接受，惟以左翼單獨取攻勢，似有未妥，因此我親到三河壩總司令部請領餉彈，一面說明當時形勢，應改全面攻勢，一鼓而佔領閩邊各縣城。嗣經鄧參長修改為中路陽攻、右翼防守、左翼猛攻，佔領上杭、武平。

左翼決定先攻武平

查左翼兵力單薄有限，敵人兵力一個完全旅，我軍如攻一個城，尚覺不夠，斷不能同時進攻上杭、武平兩

城。究以先攻何城為宜？倘先攻上杭，則永定、峯市、武平各方敵人必定增援上杭，或將包圍我軍，何況有鐵上杭之稱，是上杭城之堅固可以想見了，故決定先攻武平。惟武平乃閩、粵、贛三省邊區一個重要縣城，高峰筌峭，形勢天成，我們只得出敵不備，先奇襲距武平縣三十里的武平所，如該所攻下，則武平縣自易得手。于五月上旬某日，用急行軍一晝夜，先頭謝文炳所部佔領該所外圍高地，敵人驚醒，閉城堅守武平所。查武平所係原始縣城，城牆堅固迫過現在武平縣城，此地群峰環繞，中間一所石城，確屬易守難攻。我軍只有山砲兩門，且砲彈不足，以步槍、機槍作戰，一連三日。敵人以兩連步兵，憑有利地形堅守不動，又值黃霉氣節，連天落雨，我軍非常疲勞。正在此時，駐武平縣敵人增援掩護武平所敵人撤退，我軍隨即佔領該所。其後尾未及退走者悉被俘虜，計俘排長林聲揚及李某某二員、目兵四十餘人（都是安徽皖北子弟）。

我軍立即向武平縣猛烈追擊，敵人且戰且退，在縣城未能立足，續向後退。我軍進佔縣城，全體官兵十分興奮。此戰我官長雖然奮勇，而地方民軍首領鍾大輝、藍玉田亦多幫助。

我軍既進佔武平，不停止向上杭挺進，上杭敵人聞風不戰而退向永定、峯市集中，縮短戰線，預備與我軍決戰。

左翼完成佔領武平、上杭任務，而中路敵我雙方小有接觸，右翼敵人採取攻勢，我軍右翼黃岡陣地失而復得，相當損失。這是粵軍第一次開始援閩戰事大概情形也。

　　附記余兩次頭暈。余生長合肥縣北鄉丘陵起伏地帶，從未走過如閩粵邊區高峰聳峭地形，但在日夜不停急行軍進攻武平所前夕，因山勢險要，必須步行此種聳峭地形，頭暈兩次倒地，均經同志們扶起休息後，再由二人左右扶持續行。正值霉雨時期，我們生活多在陰雨山中，我是不貫此種生活的。好在余正當卅五歲壯年，不但尚可忍耐，而且奮發精神與敵周旋，惟才入閩境，身體上即受打擊，誠屬不幸。

余組織衛士隊及請閩語翻譯

　　我們在福建作戰有兩個困難：第一個困難，閩省大部是山，土匪出沒無常，所以必須有衛士；第二個困難，不通閩南語與福州語。

　　當時任我護衛者只有陸學文、張海洲、余立奎、衛立煌、王先友等數位同志，其武器只有步槍三支而已。適我在武平所俘獲北軍官兵四十餘人，且多是皖北青年子弟，他們內有卅餘人請求宣誓效忠革命軍。余再三審慎考察，確屬出于至誠，余即以三十人為基礎，組織衛士隊，以陸學文為隊長，以張海洲等為排長，以林聲揚君為閩語通譯。查前在武平所俘獲兩位北軍排長，其中一位就是二十四歲青年林聲揚，他說一口漂亮國語，他是閩南德化縣人，中學畢業後考入駐防閩省北軍隨營學校，畢業後委充排長。林君非常誠實、非常聰敏，能國語、能閩南語、能福洲語，我們確實需要此種青年人才，余當即發表他為閩語翻譯官，他亦樂于擔任。自此以後，余既有衛士又有翻譯，雖人數有限，但意義甚

深，則一切行動妥當多矣。

余進攻峯市

　　查峯市是由福建攻廣東的大浦、三河壩、松口等地的交通據點，如峯市不佔領，則總司令部所在地的三河壩隨時可以發生危險，而敵人以一個混成團在層峰峻嶺構築工事，居高固守。余于五月下旬率謝文炳、徐軍雁兩營、陸學文衛士隊，並用武平縣民軍藍玉田所部為響導，向敵人開始攻擊，連攻兩日夜，我軍完全佔佔峯市，敵向永定潰退。

許司令、蔣參謀會攻永定縣

　　武平、上杭、峯市既已先後克服，我左翼殘敵集永定堅守待援。蔣參謀指揮中路大浦等軍隊，許司令指揮關國雄所部兩營、徐軍雁一營、陸學文衛士隊會攻永定。至永定，敵人兵力約有三個團，另一個砲兵營，憑有利地形頑強抵抗，且奉上級敵軍命令，不准再後退。我軍連攻數日未有進步，頗感棘手，臨時急調謝營長文炳增援。當時謝營駐防上杭，余恐攻永部隊需要謝營，故將調駐永定、上杭之間，因此謝營提早一日趕到永定戰場。蓋雙方正在你生我死苦戰之際，我軍得此新銳增援，雖只一營之眾，可使疲勞之師精神為之一振。謝營長即率久共患難的湘營兄弟，抱必勝之決定，打得敵人落花流水，俘獲甚多（時間大約在五月底或六月初）。此役謝營長文炳居首功，由蔣參謀保謝營長升任統領（就是團長職位）。回憶余前在汕頭時，力主謝營歸許

司令指揮，並由余說服謝營長。查謝營長已在武平、峯市戰役立功，今又在永定有此殊功，余深感謝氏能相信任我的話，而余認識謝氏能戰，均足自豪者也。

總理 6 月 27 日電陳總司令冒險進攻

略謂聞張懷芝率大兵到贛，不日恐有攻粵之事，又聞北兵二千餘由海道至汕登陸援龍（濟光），李厚基兵力日日增加。潮梅東北為李、張所逼，沿海無可防禦，現已在三面包圍之中，地位極為危險，此時敢冒危險進攻則生，不冒危險則必坐困。以攻為守，則士氣壯，響應多，敵膽寒，一進必收奇效，否則士氣日衰，響應日微，敵膽日壯，而我以可勝不可敗之兵，據能戰而不能退之地，必無倖免也，諸兄其速圖之。

上杭得而復失又復得，並有非常收獲

我軍左翼部隊正在峯市、永定節節勝利，並協助中路之際，因上杭空虛，敵周永桂率兵一旅（缺一營）及山砲兵一連，間程急進，佔領上杭，我軍左翼部隊只得由峯市、永定回師反攻，惟上杭城垣堅固，圍攻一週，毫無進展。

查敵軍司令周永桂，號子丹，江蘇徐州人，留學日本，與我在滿清江南陸軍第九鎮（師）同事，當時我任第三十五標（團）營長，周永桂任標本部執事官（等于團部副官長），素有革命思想。永桂入上杭城，調查我軍上級官長姓名，知道我曾到過上杭，因此致我一封問候函，由城牆上丟下。此時我在峯市料理後方，許司

令收到此函，即用我的名義復永桂一函。永桂閱後，知道這封信是假借我名義，他隨即復函，用滑稽口吻答復假吳禮卿先生，指責不應冒名欺騙云云。許司令飛函促我趕回上杭，我立即起程，時值天雨，道路崎嶇，黑夜步行，是我入閩以來最辛苦之一次。經一日夜抵上杭城，首先要設法使周永桂相信為唯一的原則，我即致函永桂，敘述彼此別後經過及九鎮同事、朋友散居各方情形，其他一概不提。永桂得函後，隨即復函，其封面寫真吳禮卿先生親手收，惟函的內容亦只說彼此過去感想，不言其他。但在槍臨彈雨中往來傳送信件非常危險，曾有一個兵士因冒險送信身負重傷。其送信方法係由蔭蔽地蛇行至城牆腳下向敵守軍喊話，然後敵人由城上用一根繩子繫下一個布帶，將信取去。我第二次去函忠告永桂曰：「你以孤軍守孤城，是最不利戰法，我方軍力雄厚，所有同事都革命軍人，不是北洋軍人可以相比也。」永桂回函態度強硬，並說他兵精彈足，決戰到底云云。我去第三函，略謂有話奉告，函中不便言明，請派一位代表出城與我見面如何。永桂置之不復，我不管他復不復，接二連三去函促其答復。迨永桂復函，請我親自進城一談。我答永桂，以現在兩軍情況，我未便進城，仍請你派代表出城。永桂又不答。我再催促，永桂答曰：「不相信貴軍，還是請兄進城。」我再告永桂，你派代表出城，我以人格擔保安全，請你對我信任。至此，永桂答應派該軍顧問褚玉和（安徽人）出城與我個人見面。嗣由我軍準備長梯，褚顧問由城牆沿梯而下。褚與余見面時表示：「此次出城代表周司令，請

吳先生進城。」我告褚，永定、峯市已為我克復，你們孤守上杭，沒有救兵解上杭之圍的，請回去轉告周司令，要以軍民生命為重云云。褚曰，代表任務是請吳先生進城，其餘的話，代表未便轉報。我請褚帶一封信與周司令，褚亦不肯攜帶，因此與褚談話未得要領。總算聲氣已通無已，我坦白致永桂一函，說明利害，勸其開城，否則不必往返通信，各行其是。自此函去後，永桂再派褚顧問出城，仍是請我進城，並希望我軍由城南讓開一路，使他們退回永安云云。正當此時，我右翼、中路軍事先後失利，而在永定經我軍擊潰殘敵，亦有反攻永定響應被圍上杭企圖。迭接總司令部來電促從速解決上杭，回顧永定，更以本軍圍城日久，糧彈均感缺乏，而上杭城亦非短時可以攻下者。總觀各方情勢，如我親自進城，或可有所收獲，但雙方正在戰爭，由火線進城，當然危險在所難免，甚至敵人將我留在城內，另提要脅條件，亦有可能。經與諸同志會商，大多數主張不能進城，我本不入虎穴焉得虎子之精神，決心進城。比即面告永桂派來褚顧問，我將進城拜訪周司令，並提：一、雙方停火二十四小時；二、開一個城門，便我出入。永桂答復，表示歡迎，並接受雙方停火二十四小時，惟各城門均已堅固封閉，請由城牆出進云云。事已如此，約定雙方停火時間，我即從長梯爬上城牆，周司令即在該處歡迎。彼此握手歡呼後，永桂約我視察人民之秩序、軍隊之精神、城防之工事、糧彈之準備後，表示以現在各種力量，上杭城至少可以守三個月，你們現在糧彈兩缺，經不起守軍出城一擊。我答曰，我是以朋

友資格進城訪問，並想與你談談各方情形的，你如認為
我是你的老同事、老朋友，彼此應該十二分誠意，將各
人想說的話不保留一齊說出，不管說的對不對，彼此都
得諒解。周表示接受這種精神，彼此詳細談談。我用輕
鬆態度曰，我在城內與你說話，萬一說錯你是原諒的，
萬一他人對我不禮貌將如何？周曰請你放心，我周永桂
不是這種小人云云。彼此經過數小時舌戰，歸納言之，
有下列重要談話數點：

一、現在上杭四週，如武平、峯市、永定已為我軍佔
　　領，長汀、連城、龍岩各縣民軍紛起，絕無援軍前
　　來解上杭之圍。以孤軍守孤城，就是你有守三個月
　　力量，最後還是要失利的。

二、我軍後方安定，糧彈源源接濟，且部隊屢戰屢勝，
　　士氣甚旺，且攻城砲兵即將運到，你就是閉城借
　　一，決無結果的。

三、聞你到福建很久，當局不但不派事，甚至生活都成
　　問題，等到你們右翼戰事失利，臨時由各軍抽編一
　　旅雜色部隊，命你間程前進救援上杭，明明時間來
　　不及，豈不是要你犧牲。現在守城部隊內容如此，
　　且與你過去皆無關係，倘部隊知道無援兵希望，可
　　能發生變化，亦是意中的事。

四、你于滿清末年從日回國，在江南陸軍第九鎮卅五
　　標任執事官，我任營長，彼此常談革命。迨辛亥革
　　命軍興，你在徐州方面非常努力。癸丑討袁之役失
　　敗後，你不得已投效北洋派，我們當然原諒你的苦
　　衷。我方軍官大多是革命黨人，我代表本軍歡迎你

返回革命戰線。

五、在戰略上言，你們早經失敗，在戰術上言，雖保有
　　戰力，但已無路可走。我勸你以軍民生命為重，即
　　日開誠與革命黨人合作，絕不是戰敗投降。就中外
　　戰史上言，這種例子很多，如採納余言，所有官兵
　　糧餉自當從優發給，我可負完全責任。

六、周在談話中有一段奮慨態度，他說禮卿兄的話豈
　　不是要我周永桂投降，這是辦不到的，本軍早具決
　　心，城存與存，城亡與亡。我答曰，你在此次作
　　戰，已盡責任，個人犧牲既無必要，若要軍民一同
　　犧牲，在道德上是不應該的，何況你有老母在堂，
　　你若犧牲，置孝道又于何地？永桂聽我這幾句話，
　　忽然淚下。至此只得暫停談話，予以休息。

　　　休息約二小時，繼續商談。永桂堅決要求我軍讓開
一條道路，使他退回永安。我堅決表示，各處民軍紛
起，沿途截擊，沿途無糧，不待退到永安，而部隊損失
殆盡矣。彼此返復辨論，不得重點，周要開軍事會議，
我堅持不可，嗣經褚顧問從中疏解，舌敝脣焦，其最後
結果有下列：

甲、周司令永桂加入革命粵軍，委為旅長，準其回去相
　　機響應我軍，並在上杭城外選擇安全地點，周司
　　令與許司令見面，其餘他人概不見面（此項嚴守
　　秘密）。

乙、周司令部隊仍由周司令統率，退出城外十里或廿里
　　地方，將武器交出，然後再退到後方汕頭或三河壩
　　總司部，予以休息。

丙、圍城軍隊在周司令部隊出城時，要撤離距周軍五里
　　至十里地方，以免衝突。

丁、所有部隊官兵從優發給薪餉，傷病官兵更加優待，
　　從速予以診治。

　　以上各項，經十小時交涉，得此結果。周司令予允
考慮，並須立即招開中級軍官會議，請我暫緩出城，等
待他們會議結束。我表示我于進城時，曾與我方同志約
定，至多六小時可以出城，但我在城內已十二小時，
雖經城內兩次通知城外我與周司令談話未了，須延緩出
城，如再通知延緩出城，恐他們不相信，反生誤會，所
以必須從速出城，我雖出城，請你們將會議情形通知本
人，並與周司令約定繼續停火二十四時。比即與周司令
握手告別（我不待他們會議先出城，恐他們會議發生新
問題，更使我出城遲緩），褚顧問送我至城牆上面，向
我耳語，所擬各項條件可以成為事實。我仍由城牆沿梯
而下，同仁在城下迎接，經將此行經過詳加說明，皆大
歡喜。

　　隔日，褚顧問出城通知彼方軍事會議結果，對所擬
各項酌加修改。如乙項修改為由周司令率領部隊撤退至
汕頭，願留者則留，不願留者則給資回籍，不到福建。
如丙項要求發給四個月軍餉。另外要求請我方去一件
公函，說明他們是顧全人民生命財產，不是投降，並要
我保證，不得于武器交出後中途發生變化。我方一律接
受修改要求，惟部隊中有願回籍者，俟抵汕頭後再行酌
辦。至發給官兵四個月軍餉，因現在上杭無此大款，擬
先發兩個月，其餘兩個月到汕頭再發。即由褚顧轉達周

司令，大約是八月一日，周司令答復完全同意云云，即照規定次第實施。

自發動攻勢至佔領漳州敵我戰況之經過

北政府聞粵軍向福建開始進攻，大為震動，即派李厚基（福建督軍）為閩浙援粵軍總司，浙軍第一師師長童葆暄為副司令，又派曹錕為川粵閩贛四省經略使，張懷芝為援粵總司令，吳佩孚為援粵副司令，一面增兵閩贛邊境。至敵人福建第一線兵力左路廈門鎮守使臧致平、中路童葆暄、右路汀漳鎮守使唐國謨三部隊及各補充團，合計足有一萬五千人之數，都是武器優良，我們粵軍與之相比，實有天壤之別。

我軍自五月發動攻勢以來，五月間左翼先後克復武平、上杭、峯市、永定，軍聲大振，但中路及右翼尚可維持現狀。

六月間，黃岡、饒平、下洋相繼失守，是時韓江正是漲水時期，敵軍不慣于水，多遭淹斃。李厚基大驚，乃盡驅其左路臧致平部猛攻，其勢不可當，粵軍連失要地。

七月間，敵人右路唐國謨部雖經我軍上次擊潰，但趁我左翼第二支隊由永定撤兵返攻上杭之際，唐國謨部集合殘三千餘人，再度恢復永定、峯市。

七月間大浦亦告失守，敵軍逼近三河壩，形勢緊急，總司令部人準備退卻，陳總司令束手無措。蔣參謀表示反對，主張即調右翼主力增援，迎頭一戰，使三河壩總司令部轉危為安，八月四日克復大浦城。

正當中路危急之際，我左翼正在圍攻上杭，再度收復上杭後（其詳情已記載上面上杭得而復失又復得一段之中），許司令即率左翼主力增援中路，敵人唐國謨佔永定、峯市殘部聞風而退。

粵軍全線反攻，敵人全線崩潰，我軍分頭猛追，如同秋風掃落葉，遂于八月三十日佔領龍岩，卅一日佔領漳州，至此粵軍基礎更加堅固。

我于上杭收復周永桂後，以汀州綏靖主任名義，指朱震、陸學文及地方警備團隊，以及民軍藍玉田、鍾大輝、羅德等部肅清連城敵人，即于九月六日佔領汀州城，左翼戰事至此告一段落。

許、蔣、吳三人招妒忌

蓋自五月開戰以來，我（吳）與許司令首先攻克武平、上杭、峯市，而後蔣參謀長與許司令攻克永定。正在此時，上杭復為敵人所佔，經我（吳）說服周永桂開城繳械。在我們圍攻上杭時，大浦不保，三河壩總部動搖，經蔣參謀指揮右翼主力一戰，總部轉危為安，因此竟為陳總司令死黨葉舉、翁式亮等所妒忌。蔣參謀即具呈陳總司令辭職，於八月三日抵香港，十八日抵上海。至陳總司令及其幹部，對我妒忌，實有甚蔣者。我自從由廣州至潮汕、至蕉嶺、至左翼作戰之勝利，已詳于上項各種記載中。我很坦白說一句良心話，十分八九出於我的運用與計劃，所以我成為他們眼中釘。我以現在考慮將來，必無良好結果，但為適應當時環境，只得暫時忍耐一切。余有一件事最不瞭解者，昨年秋隨總理到廣

州之胡漢民（展堂）、許崇智（汝為）等文武高級同志，數月以來，毫無發展，竟將總理向桂系交涉所撥粵軍二十營交與陳炯明統率。在廣州時，陳炯明既不聽總理命令討伐莫榮新，至使總理離開廣州赴上海，現在陳等對于總理真正信徒革命黨人加以猜忌，良可嘆也。

向總理報告軍情，復示慰勉

總理孫先生辭去海陸軍大元帥後離開廣州，于五月廿六日至三河壩促陳總司令冒險攻閩，遂于六月一日自汕頭登程取道台北，經日本赴上海。嗣後我于左翼戰事大勝後，上書報告軍情，總理復示慰勉，原函現尚保存，茲將原文錄後。

禮卿兄鑒：

九月一日來書具悉。此次兄助汝為成此偉績，粵軍之幸，亦本黨之光榮也。峯市、上杭兩役全賴兄勇猛誠信，得大增勢力，尤所喜慰。民黨勢力凋零，所僅屬望者，惟此福建與四川兩方面。滄白西行頗可釋慮，至汝為一面則無時不繫懷。今得此捷音，殊勝他好音百倍矣。漳州今聞已下，汝為當已向泉州出發。福州方面人心搖動，士氣沮喪，前數日上有北軍判變搶掠之事，民望粵軍有如時雨。若能早下延平，以紀律節制之師，當彼烏合自擾之眾，真如揚沸沃雪，驅鷹逐鴛，功名方相待，惟勉之慎之，無使敵人得乘我一間，此固兄之所熟知者，姑贅言之耳。介石、元冲均以赴汕轉往前敵，當有機緣會見也。蔣、朱、左、羅、陸諸君，希並代問安

吉。此復，即祝

戰捷

孫文

九月十二日

敵我勝負之因素

　　敵人潰敗因素甚多，茲舉其中重要者，如交通不便，糧彈接濟不及，霉雨災疫，士兵患病太多，民軍四起，後方不能安全，地勢險要，北方兵不慣戰鬥，更加內容李厚基、童葆暄互相猜忌。敵左路攻下黃岡一月有餘，假使中路敵人浙軍童葆暄部當時中斷韓江，則潮汕必為敵人佔領矣，蓋佔領黃岡敵人未敢前進者，對童葆暄有所顧慮也。查浙軍歷史乃滿清末年浙江省所訓練新軍混成旅，前身曾參加辛亥革命，迨癸丑討袁之役後投效北洋軍閥，苟延迄今，與北洋軍不但氣味不投，且有敵視之心。上項種種是敵人必定潰敗之原因。

　　在敵人潰敗百分九十之因素，就是我方勝利之因素。其中尚有不同者，我們軍中很多是有思想、有主義革命黨人，再加敵軍運動遲緩，致為我軍各個擊破。但我方缺點最重要者，在廣東政學系與桂系視援閩粵軍如眼中釘，不但不援助，還想消滅，尤以我們粵軍內部意見不一致，武器非常陳舊，子彈糧餉亦非常缺乏，如此我們能戰勝北洋軍，真是一件難得戰事。

漳州、龍岩、汀州地理之重要性

漳州（舊漳州府治）瀕龍江北岸，密邇廈門，為閩南門戶，亦經濟與政治之中心。

龍巖（舊龍巖州治）瀕九龍溪上游，山環川繞，不但為漳汀交通之孔道，亦為由永定對粵軍事後方之基地，頗占軍事之形勢。

汀州（舊汀州府治）當閩贛南部孔道，據汀江上游，為入廣東唯一之水路，在明、清兩朝設有汀州總兵鎮台，其軍事地位之重要可以想見。

我軍佔漳州、汀州、龍岩後各方之觀感

一、政學系軍人認為粵軍既已入閩，已得到送客出門之目的，要求接收潮梅（韓江流域）粵軍原有地盤。但粵軍認為雖已入閩，戰事尚在進行，仍須用潮梅為後方策源地。但彼方一再要求，大有不得目的不罷休之態度，粵軍無已，只得暫留汕頭為援閩粵軍後方轉運站，並限期交還，其餘有關于潮梅地方行政等等，一律交與廣東接收。

二、國內外認為革命軍既已佔有漳、汀根據，亦就是總理孫先生有了革命新生武力，頗為重視，且閩省地瀕海岸，倘為革命軍所有，則對外交及華僑影響尤大。

三、北政府認為漳、汀失守，福建難保，不但影響浙、贛，亦影響長江與北政府之內部，同時在湘中南北兩方軍官聯名通電主和，段祺瑞辭內閣總理職。

敵人在漳州、汀州、龍岩潰敗後之作戰計劃

敵人感覺福建省中部之漳平、寧洋、永春、德化、大田、尤溪等縣，崇山峻嶺，羊腸鳥道，既無交通之可言，復為民軍所困擾（我們與民軍有聯絡，多為我用），絕對不能以上項地區為攻守基地，只得放棄。

敵人受地形與民軍之煩惱，所以縮短戰線，集中兵力，防守海岸及閩江，交通便利兩線，並以堅守福州、延平為目的。為達此目的，其沿海岸線，必須守同安、晉江（舊泉州府）、惠安、莆田（舊興化府），其閩江上游，以延平為中心，須守永安、三元、沙縣及順昌、將樂之線。此乃敵軍新計劃之大概情形也。

我軍佔領漳、汀後人事調整與作戰計劃

陳總司令兼第一軍軍長，擬自赴江東橋督師（始終未去）。許司令崇智升為第二軍軍長兼前敵總指揮，其任務進攻沿海泉州、莆田（舊興化府），而後進攻福州省會。蔣參謀介石升為第二支司令，其任務進攻永泰，挺進福州。吳參謀忠信升為第七支司令兼左翼總指揮（仍兼汀州綏靖主任），其任務警戒江西敵人突擊，並一面進攻永安、沙縣，而後進攻延平。就上項人事調整與作戰計劃，企圖佔領福州、延平，消滅敵人作戰中心基地。在陳總司令不想積極採取新攻勢，擬保全所得，徐圖發展，茲命許、蔣、吳三人負三路作戰之責，勝則陳氏坐收戰果，敗則是我們責任，是我們損失。陳氏此種如意算盤很像政學系、桂系送粵軍到潮汕進攻福建，一套軍人政客老辦法。

左翼作戰之經過與使用民軍之方法

　　左翼主力謝文炳等部，早經調往右翼作戰，因此左翼部隊一部份是地方警備隊改編者，其餘多是地方民軍而已，且無砲兵，機關槍亦是少數，至步槍有數種之多（德造七九、日造六五、九響鉛子老毛瑟、單響鉛子老毛瑟，及十三響鳥槍等等），且子彈異常缺乏。以此等軍隊與武器對敵作戰，只有用革命精神與大規模游擊戰術，使敵人顧此失彼，疲于奔命，然後相機一鼓而殲滅之。

　　蓋自奉命警戒江西，進攻延平，決由沙縣進攻延平，交通較為便利，若由順昌進攻，則有三千八百坎高山，敵易守我難攻。即于十月十日由上杭、連城分頭出發，當我們尚在途中，而永安已為民軍佔領。迨余抵永安，即令各縣民軍齊向沙縣會師，我親率朱、陸、羅等部克復三元，續向沙縣前進。正在此時，閩南警備隊朱、陶兩營長、德化民軍陳國華、大田民軍蘇安邦、南安民軍吳復，以及孫本戎同志率尤溪民軍盧新民（新邦胞弟）先後趕到，圍攻沙縣。敵人守沙兵力有步兵一團、砲兵四門，其他地方警備隊一營。以敵我兵力比較，我軍人數雖大於敵人兩三倍，但以無訓練的我軍與北洋派久經訓練之師作戰，其人數雖多，又有何用？何況沙縣城內有幾個小山，乃天然的砲兵陣地，居高臨下，正好射擊城外我軍陣地。我軍圍攻一星期之久，毫無結果，且有傷亡。

　　惟老師于堅城之下，為兵家所最忌（在滿清洪楊時，左宗棠進攻沙縣，亦頗感棘手）。我為避免敵人之

突擊，為少受敵人砲兵之死傷，擬將接近城垣軍隊各向
後移，對敵作較長時間圍困，擬抽調一部由順昌、將樂
進攻延平，但子彈萬分缺乏，總部雖允予接濟，迄未運
到，真是遠水救不了近火。

　　查民軍既無訓練，又無紀律，大多是烏合之眾，不
知命令為何物。以之偵察敵情，擾亂敵後，斷敵交通，
迂迴奇襲，最有攻效。我即用其所長，發揮其能力。

　　余在沙縣陣地指揮部，接見民軍首領陳國華、吳
復，並與其席地共餐。陳一再要求補給子彈，強調都是
空槍，不能再守陣地（他們子彈缺乏，確是實情）。吳
復亦是求發給子彈，尤其欣賞余的黃色橡膠雨衣，他問
余這是何物、作何用，答以防雨之用。這兩位民軍領袖
都是鄉下人，性情天真。當時指揮部確無子彈，不得已
只好令衛兵隨身自用子彈解下，交給陳國華，並告國華
一俟後方子彈運到，再行補給，一面將橡膠雨衣贈吳
復，他們非常高興。我是出于真誠，應付當時，毫無絲
毫作用，孰知此等小事，影響將來。陳國華向外宣稱，
吳總指揮的衛兵是保護他的生命，他能將衛兵子彈解下
給我，他是太相信我們的。吳復說他將自用雨衣送我，
太看起我了，吳復又認余為本家。後來陳國華為余忠實
幹部，深資得力，吳復則奉余命，在南安作戰陣亡。這
一段小小故事，影響余後來運用整個民軍之先聲。

　　余于十一月上旬，抽調圍攻沙縣蔣、朱、陸三部進
攻將樂、順昌兩縣，一面發動閩江兩岸民軍，截斷福
州、延平交通。當時延平敵軍，有張清汝一旅。我軍于
十一月下旬攻下順昌、將樂後，佔領洋口（此地有小上

海之稱），余即移駐于此，督攻延平，遭遇三千八百坎高地敵軍之堅強抵抗。我軍陸學文部，迭次猛攻，頗有死傷，而子彈奇缺，只有隔河對持。至十二月上旬，忽奉命停戰。蓋自上杭出發兩月以來，未能攻下延平，深為遺憾。

至停戰之日止，我左翼管轄各縣，有上杭、武平、連城、長汀、清流、寧化、歸化（明溪）、永安、寧洋、大田、順昌、將樂、泰寧、建寧等十四縣，其地盤可為粵軍之冠。以上所得十四縣多是以民軍與各地方人士之合作而收獲。

許軍長、蔣司令兩方面之戰況

許軍長進攻泉州、莆田，沿海一帶，因敵人沿海兵力雄厚，不克襲擊福州，退守仙遊。

蔣司令由嵩口前進，節節勝利，攻克永泰後，進佔距福州六十里之汰口，因奉停戰命令，只得停止前進。但敵人利用停戰機會，令前在上杭投誠旅長周永桂反攻汰口，不料我軍梁、邱各部不遵命令，亦不報告，擅自退卻，迨敵人攻入城中，蔣司令始隻身衝圍而出，其功敗垂成，良可惜也。

附記周永桂在上杭投誠情形。查周永桂于本年七月間堅守上杭時，經余說服投誠，其經過情形已于「上杭失而復得」一篇中詳細記載。蓋當時左翼圍攻上杭時，正是我軍右翼與中路戰事同時失利之時，迭接總司令部電催從速解決上杭問題，而後回顧中路，尤以我攻城日久，糧彈兩缺，上杭城亦非短時間可以攻下者，如不允

許周光榮投誠條件，必定拖延時日，所以投誠後為履行
條件信用起見，放其回去，期望為我軍效力。不料周儘
如此反復，殊令余無限遺憾。

1919 年（民國 8 年） 36 歲

總理孫先生再來嘉勉函

余昨年九月一日報告左翼勝利情形，總理九月十二日復函嘉勉，深為感動。最近總理聞余圍攻沙縣，挺進延平，于十二月十二日特再來函嘉勉。原函現尚保存，茲將原文錄後。

禮卿我兄鑒：

自兄入閩以後，音問久疏，惟每于軍報中聞奮發進取，屢挫敵鋒，為粵軍左翼勁旅，甚為欣慰。近日雖和議之聲日熾，而群邪猶然當道，是非猶未大明，達到護法目的，猶非旦夕間事。吾黨護法救國之責任，猶未能盡，甚望兄及粵軍諸同志于此期間勉力訓練部伍，厚植基礎，以為異日進取之需。粵軍為吾黨之主力，兄又為吾黨之健者，幸勉荷艱難，堅忍不懈，時事澄清異日，正不患英雄無用武之地也。軍旅賢勞，殊深懷想，幸為國自重，並頌
毅祉

孫文
十二月十二日

讀總理訓示之感想

總理此次訓示，因知余處境困難，有辭職回滬之說。蓋當時余不獨為陳炯明所忌，甚至我們自己同志亦有所不滿，皆因左翼戰果較為輝煌有以致之。此等同志

表面反陳，而暗中又見好于陳，這是余最痛心的事。余不願參加內部鬧意見，故有辭職之意。但服從總理孫先生則可，而受他人間接支配，則非我可容忍者也。此次總理來信嘉勉，語重心長，尤以為吾黨健者一語，使余慚感交加。

總理于十二月十二日函中有近日和議之聲之日熾，而于十三日已正式派胡漢民同志為討論和平代表矣。因我們在前方作戰，事先毫無所聞。

現在南北兩方都有矛盾，如南方政學系利用桂系軍人搗亂，反對總理，以致總理在廣東不能立足，甚至分化我們內部，利誘陳炯明與總理不合作，因此失去北伐良機。當時有人說：「北洋派是敵，政學系是仇，敵可和，仇難解」，其仇恨之深可以想見。至北洋派是軍閥傳統，毫無主義可言，有皖系、直系之爭，大有不共戴天之勢，兩系拉攏東北軍人以自重，使張作霖成為奇貨可居，因此北洋派失去南侵之機會。以當前形勢歸納言之，南北各謀內爭，人民吃虧，是所必然，只有三民主義才可救民于水火。

回駐永安調整民軍糾紛及余治胃腸病

迭接永安士紳公函，民軍佔領永安，人民不堪其擾，請余速回永安處理。蓋自停戰命令公佈後，圍攻沙縣等處民軍自動撤回永安，食住都要人民供給，人民恐慌，因此余必須即回永安。但當時事實既已停戰，亦無再駐洋口之必要。

余自入閩以來，對于閩省氣候不能習慣，經常患病，

減少飲食，身體已經瘦弱。益以最近兩月在沙縣、延平督戰，又患痢疾，而軍中無軍醫設備，每到一地請當地土醫診治，毫無效果，以致行路維艱。其精之痛苦，身體之疲乏，非筆墨可以形容者，須回永安加以修養。

余自決定回永安，諸同志認為民軍既無軍紀，與我們本無關係，應防驊變，主張先開相當軍隊到永安，然後余在前往。此種顧慮確有道理，但余認為先開軍隊到永安，恐民軍發生誤會，甚至發生衝突，若然則與我們左翼形勢大為不利，故余決定即日前往永安，只隨帶陸學文一營為衛隊。迨抵永安，各民軍出城郊迎，情緒勢烈，殊出吾人意想所不及。余入城後，臥病不能起床，只得就臥床前與民軍首領開會議，一致表示服從余的命令，開回原籍各縣，惟要求軍隊正式番號，以及開動費用與糧食等等，余一律負責照辦。至此永安危機得以和平解決，左翼得以永安為中心軍事基地。

余自永安民軍問題解決後，痢疾更趨加重，身體更難支持。適永安城中有一教會所辦西醫院，該院有一位高醫師（福州人）聞余有疾，自動前來為余診治。高醫師斷定為嚴重痢疾並兼有胃疾，力主注射治療。余當時對其所言甚為懷疑，但高醫師一再強調注射一種新藥（乃米立），必可痊愈。余感其熱誠及負責，乃欣然接受注射。首針注射後，精神即覺轉佳，次針則排洩，大便中血色轉淡，注射至第四針則更有進步矣，再加上調整胃疾，前後半月，則精神身體日漸恢復矣。余深感高醫妙手回春，同時亦覺西藥之進步。我國同胞死于痢疾等症者不知凡幾，故醫藥衛生實不容忽視者也。

1926 年（民國 15 年） 43 歲

與王季文論桂黔之重要

二月初旬（陰歷正月初三日），久別友人王季文兄來蘇州訪問。據王曰：「我由廣州來，蔣總司令託我約你赴廣州。」余當時患胃病甚重，託王代為婉辭，並告王曰：「余判斷將來北伐不論成功與否，西南各省團結實屬重要，而廣西、貴州之關係為其尤要者。回憶民國十年，余率部駐防桂林時，你曾告余曰：『我有一位同鄉鄰居李宗仁，任桂軍（三營）統領，駐紮鬱林，與我有深切情感，擬介紹與你（吳）合作』。嗣以余回師廣東，未及與李晤談。而今李宗仁、白崇禧等負廣西軍政之責，你（季文）若能聯絡李、白等，並說服貴州擁護蔣總司令，則北伐軍進可戰，退可守。」季文答曰：「十分贊佩禮卿兄主張，我（季文）與李、白係桂林小同鄉，與貴州周西成亦有交誼。當照禮卿兄意，前往桂、黔兩省促成此事。」王在余家計住三日而去。

應蔣總司令之約赴南昌

七月九日蔣總司令在廣州誓師北伐，七月十日即由在湘軍隊克復長沙，九月二十五日克南昌，十二月三日東路軍克福州。

十一月中旬蔣總司令約余赴南昌，余于是月二十九日夜由滬乘輪前往，三十日午前開船，十二月二日晚九時到九江，三日上午六時乘火車，下午二時到南昌。

　　十二月四日晉謁蔣總司令，適逢總司令起程赴廬山，彼此晤面非常愉快。總司令說：「你到南昌行期，事先我不知道，我即將往廬山，請你在南昌暫住等我的信。」並面令副官長姚琮妥為招待。

　　十二月九日總司令來電，約我遊廬山。十日起程前往，夜宿九江，十一日上午抵廬山，當即謁總司令，十二日午後隨總司令遊天池等名勝。

　　十二月十三日隨總司令回南昌，住總司令部花園（舊撫台衙門）。總司令對余十分客氣，十分尊重，如走路、乘轎皆由余行先。余慚感交集，向總司令表示，你如再與我這樣客氣，我只有即日回去了。蔣曰：「好，好，不客氣。」余更向蔣總司令有重要說明：

（一）總理去世後，凡國民黨員，都有繼承作領袖資格，但你既已奮鬥出來，成為領袖，本黨只能有一個領袖，我今後即擁護你作領袖。

（二）本黨已有你（蔣）統率軍隊，足夠應付，我今後不再帶軍隊了。

（三）你曉得我的個性，頭上不能戴帽子，我今後在政治方面做事，只能聽最高政治機關命令，在黨的方面，只能聽中央黨部命令。

　　總司令要我在總部負較為實際工作，我婉辭並說：「我是穿長衫由上海來的，不是由廣州穿草鞋來的，所以不能負實際責任。」結果聘余任總司令部顧問，總司令命代見賓客，並代看重要公文。某日余在總司令辦公桌上閱約有四十件重要公文後，報告總司令：「頃閱幾十件公文，事由不外請款、求差、告密、殺人等大事，

此等事須總司令自己批示，非他人可以代批的。」因此
不再代看公文。

　　總司令與余談北方問題，囑余設法積極聯絡奉、直
兩系。蓋總理在世時，北方事多半由余接洽者。

　　總司令與余談政治、經濟事，在政治方面余推舉羅
良鑑（借子），經濟方面推舉陳輝德（光甫）。總司
令答曰：「可請羅先生來江西見面，陳先生將來在上海
見面。」

　　在此三個多星期，與總司令見面、談話、遊覽、會
餐不下二十次之多，總司令招待之周，意思之誠，十分
感激。

　　叔仁先生來函云：「湘君女士于陰歷十一月初三日
（陽歷十二月六日）上午六時在蘇州產一女孩，命名順
兒。」余過去無子女，今始生一女，無限欣慰。這都是
惟仁夫人寬宏大量，本不孝有三，無後為大之精神，準
娶湘君女士之結果也。

　　擬先回上海運動各方響應北伐軍，遂于十二月二十
九日離南昌到九江，三十一日除夕乘日輪鳳陽丸東下。

結論

　　余以往未寫日記，自十五年十二月赴南昌，始有
三個星期行止記載，自十六年始有逐日行止記載，至二
十七年始有較詳記載，今者特將十五年三個星期記載，
再加以是年之回憶，作成十五年開始之日記。因這一年
記載，關係重要，如其中與王季文的談話，有關以後二
十餘年團結西南之基本，如個人與蔣先生約定之三項說

明，有關彼此以後二十餘年友誼情感，以及余進退出處
之方針。

1927 年（民國 16 年）   44 歲

往來潯、滬及接洽各方之經過

除夕由九江開輪東下，十六年元旦，天氣清和，風平浪靜，船主招待殷殷，享以日本料理，二日午後抵上海。

李徵五兩次晤面，據云他可以運用張宗昌（這時上海敵人有張之部下畢樹澄部，張是剌陳英士先生主持人），當答曰：「如張宗昌有特別表現，能效忠黨國，似可將功贖罪。」

派張亞威兄往南京、安慶等地，觀察情形及遊說陳調元等。

一月二十七日偕羅佶子赴廬山，船過南京，張亞威來船報告南京情形。

三十日上午抵牯嶺，遂偕佶子晉謁蔣總司令，接談甚歡，總司令約佶子晚餐。余連日與總司令談話，決定請佶子先生接洽奉系，必要時佶子赴北京一行。

二月一日是陰曆丙寅年十二月二十九日大除夕，蔣總司令約我們在其九十四號住所過年，有靜江、膺白、季陶及余與佶子等，情緒非常愉快。

余因事即須回滬，偕佶子于二月二日（陰歷丁卯元旦）下山，于五日抵上海。

余滬寓原在武定路一〇一號，于二月二十六日搬至拉都路三百十一號，房屋甚為寬大。

余與陳光甫兄數次研究革命軍平定東南後財政措施，光甫云：「一定幫助，絕無問題。」

　　王季文已由廣西回滬，數次晤談，據云：「李宗仁
已有接洽，情形甚好，因貴州途中有匪，未能前往。」

　　自二月十九日我軍克杭州後，上海情勢日緊，請馬
芹甫、汪乘風等促畢樹澄所部換旗，響應革命軍。畢初
頑強，嗣允考慮。適在此時，共產黨想在革命軍未到上
海之前，先佔上海，攻擊北火車站未逞，為畢樹澄所
部擊潰，共黨死傷三百餘人，因此畢指責我方，彼此正
在接洽之中，為何忽而進攻。雖一再說明是共產黨的舉
動，不是真正革命軍，畢不相信，遂率部自動撤離上
海。當時上海秩序紛亂，革命軍由杭州向滬疾進，遂于
三月二十一日兵不血刃佔領上海。

出任上海警察廳長

　　蔣總司令來電委余為上海警察廳長，我本意不擬擔
任此事，但因下列理由，不得不暫時擔任者：

一、在中華革命黨時代，上海犧牲同志許許多多，也
　　是陳英士先生、蔣總司令與余等，用盡心力，謀取
　　上海，迭次失敗而未成功。今者真正革命軍佔領上
　　海，我為貫澈先烈在上海流血精神起見，必須擔任
　　此職務。

二、蔣總司令辛苦北伐，佔領上海，以私人交誼計，亦
　　必須短時間擔任。

三、廳長係由總司令委任，在作戰期間，歸總部指揮，
　　而上海並無市政府之組織，警廳除辦理事務外，也
　　就辦理市府一類事宜。

　　余即根據上項理由，決定擔任三個月，則公私都可

交代也。

　　三月二十四日我軍克復南京，余于是日午後到警廳就廳長職，派吳叔仁、曾伯雄、鄧質儀、曾影毫分任科長、督察等職，另聘羅佶子、王季文為顧問，張亞威警察教練所主任。

　　三月二十六日蔣總司令由南京乘艦抵滬，一見面時就問：「你就職沒有？」余答曰：「已經就職，最大限度只能擔任三個月。」蔣曰：「慢慢再說。」二十六日晚在交涉公署約靜江、稚輝、元培、膺白、元沖、石曾及余等晚餐，商談黨內諸問題。

團結本黨同志

　　余自民國十一年離粵後，或居上海，或居蘇州，四年之久，很少與一班老同志往還。此次余忽然出任警廳長，各方同志尤其是老同志紛紛來函道賀。許汝為特別派其親信萬雲階來見，轉述汝為致候之意，並想見面。比即往晤汝為，並在汝為家設宴招待居覺生、鄒海濱、伍梯雲、謝慧生、覃理鳴諸老同志。回憶民國十一年，余被迫離粵，對于汝為，當然不能諒解，但事過境遷，本成事不說之古訓，恢復私人朋友關係，一面期望西山會議同志們為謀本黨精誠大團結。嗣汝為向余說，想與蔣總司令見面，但許、蔣十四年九月在廣州之經過，人所共知，余為團結計，力主許、蔣見面，蔣贊同，蔣遂親往許宅訪問許氏，隔日許氏復訪問蔣氏，彼此晤談甚歡，可謂圓滿之至矣。

上海清黨

　　自革命軍到滬後，社會謠言紛起，租界戒嚴。先有上海開市民大會，繼有黃包車夫罷工，甚至各界罷工，人心大感不安，遂有四月十二日夜清黨之舉，軍隊與工人糾察隊互有死傷。當時楊虎任上海警備司令、陳群任總司令駐滬軍法處長，處理事件，頗欠詳善，嘖有煩言。好在有白崇禧以總指揮名義，坐鎮淞滬，得以迅速恢復秩序。

發行二五庫卷

　　蔣總司令與陳光甫兄迭次晤談，託陳籌備軍餉，陳主張先發二五庫卷三千萬元，負責在上海勸募，短期內可以完成，並組織勸募委員會，余亦勸募委員之一。

處理煙犯各案移法院

　　自民國以來軍閥在東南屢次互相戰爭，所爭者，上海警察廳長為其重要目標之一也。蓋上海本為東南煙土集中之地，一切有關煙土買賣以及走私煙犯等案，統歸警察廳辦理，故警廳一席，實為利之所在，唯一之肥缺。余深知此中積弊，特別聲明：
一、今後警察不得經管煙土買賣事宜。
二、一切煙犯依法統移法院辦理。
　　此乃革命軍與軍閥顯然不同之明證也。

向商會借警費

　　余就任時，上海因遭兵事，各處警察之房屋，多半

破壞，他如服裝等，又極缺乏。又因來不及訓練新警士，所有警士，多為北洋軍閥所遺留者，駐軍為安全計，將武器一律收繳。此時政府財政困難，警察經費無著，承上海商會借款幫助，渡此難關，使上海治安得以維持，余甚感之。不久余將借款歸還商會，並附借款用途細帳，商會對余甚為滿意。在軍閥向商人借款，多半不還，就是還亦決無細帳，這是革命軍與軍閥不同之又一證也。

勞働大學之發起

上海警察所轄有江灣游民工廠一所，甚具規模。余深感貧苦子弟在該廠終日工作，而無教育，耽誤青年，殊深可惜，故欲將工廠擴大，使貧苦游民，以半工半讀之方式在該廠工作。因此商請張靜江、李石曾諸先生，他們極表贊同。後來大家認為與其擴大工廠，不如開辦一所大學，將工廠附設該校，經費由中央負擔大部份，另向各界勸募一部份，遂有創設勞働大學之倡議。呈請中央於五月十日經政治會決議，設立勞働大學，並派李石曾、蔡元培、褚民誼、許崇清、吳忠信、金湘帆、張性白、沈澤春、匡互生為勞働大學籌備委員。五月十三日在上海志豐里五號開勞働大學第一次籌備會，當時會費無著，余即首先捐助五百元，籌備委員會遂即開始辦公，此乃成立勞働大學之所由來也。

追悼陳烈士英士先生

五月十八日正午，在上海靜安寺，參加公祭陳烈士

英士，由蔣總司令主祭。下午在體育場舉行陳烈士紀念
大會，蔣總司令主席，並發表演講，極為沉痛，陳先生
在天之靈，亦當告慰于九泉之下矣。

堅辭警察廳長

余任警廳長時原定任三個月，乃於五月中旬，即
向蔣總司令表示辭意，請另覓替人，未蒙允許。五月
二十四日在南京兩次謁總司令，堅辭廳長，仍未允許。
至六月十二日總司令到上海，余一再堅辭，總司令始有
考慮之意。六月二十二日奉准辭去廳長職務，並將警察
廳改為公安局，以沈諝琴為公安局長，成立上海市政
府，以黃膺白為第一任市長，公安局歸市政府直轄。余
于七月一日交代，在警察廳時間僅三個月另六天，又加
警費缺乏，只做到作風之改變，秩序恢復而已矣。

蔣總司令下野

蓋自南京定都後，西路各軍會師鄭州，東路各軍會
師徐州，值此節節勝利之際，本黨意見日深，甯漢分裂
益甚。而武漢方面，忽自河南撤師，轉而東下，進犯南
京。余于八月十日兩謁蔣總司令，主張讓步妥協，總司
令曰：「為促成團結，即將下野。」乃于八月十二日乘
夜車離京，十三日晨到上海，是日下午五時三十分乘新
江天輪赴甯波轉溪口，臨行約余即日到溪口遊覽。

羅佶子北上聯奉系

七月初旬蔣總司令與余面商華北軍事，決派羅佶子

北上聯絡奉系。羅于七月十六日赴南京，謁總司令請示，二十一日由海道赴天津轉北京。我方對奉系所提原則有：

（一）奉軍掛青天白日旗擁護國民政府。

（二）奉軍或先撤出關外。

（三）關於奉軍善後，以及奉軍將領地位，優予考慮。

八月二十二日羅回上海，據曰：在北京已與奉系楊宇霆等見面，正在商談時，忽聞總司令下野，奉系表示，蔣已下野，無從談起，好在羅先生此次北來，彼此聲氣已通云云。

溪口之行

八月二十九日下午六時，乘新甯紹輪赴甯波。

八月三十日上午七時到甯波，改乘小船，八時開船。十時半到三江口，改乘民船，午後一時到江口，再乘轎。于五時半到溪口，仍乘轎于七時半到蔣先生住所──蔣母墳莊，余即下榻于此。莊舍為三楹，余與蔣先生各住一室。

八月三十一日上午拜蔣母墓，縱覽墓之前後，氣象萬千。

九月一日午前七時半，與蔣先生同遊雪竇寺，午後回溪口，遊覽文昌閣，仍回墳莊。

九月二日未出門。

九月八日午前同蔣遊白巖山頂，午後同住文昌閣。

九月九日同蔣及緯國午前往雪竇寺，遊妙高台，是夜在該寺住宿。

九月十日午前同蔣由雪竇寺下山，同遊千丈巖。是日為陰歷八月十五日中秋，是夜太虛法師在文昌閣對月講心經，得聽者余與蔣先生及緯國三、四人耳。余近年讀金剛經，係呂純陽注解的，蔣先生閱之甚喜，特奉贈之。

九月十一日午前同蔣遊蔣家竹山，午後同至文昌閣。

九月十二日午前同蔣遊魏家墳莊，午後同至文昌閣。

九月十三日午前，同蔣往文昌閣。

九月十四日未出門。

九月十五日同蔣往文昌閣。十六、十七、十八日天雨未出門，蔣先生與我談建設事，蔣曰中國建設，以導淮、修路為最重要，將來我二人可各幹一件。余曰在中國形勢上說，廣州、武漢、南京、北京為四大重鎮，如統一中國，必需有此四地方，最低限度，亦需有南京、北平，將來我二人，可以各住一處，則統一更臻鞏固矣。

九月十九日下山，蔣先生從墓莊搬溪口老宅，余亦同住于此。

九月二十日及二十一日均在文昌閣準備赴滬。

九月二十二日與蔣先生赴甯波，午後四時乘甯紹輪赴滬，蔣準備東渡日本。

此行前後二十二日——另有遊覽記載——朝夕晤對，無役不偕，或遊山玩水，或暢論國事，一則以在野之身，寄情泉石，一則以相知之雅，敢布腹心，自非可與尋常者同日語也。

蔣先生到滬赴日本

此次余在溪口三星期時間，蔣先生常與余談，既為促成團結而下野，中央現已有人負責，決計周遊歐美，先往日本，余極表贊同。乃于九月二十三日上午到上海，蔣先生即下榻拉都路三百十一號余寓。二十四日至二十七日四天，都是接見賓客，或出外訪友。九月二十八日乘輪東渡日本。

倡議精神團結統一國家，蔣總司令復職

蔣總司令下野後，即發生龍潭最危險之戰役，雖然轉敗為勝，人心仍覺不安。余觀察內外大勢，本黨非精誠團結，不足以圖存，乃力倡團結長江、珠江革命勢力，渡黃河，佔北京，以青天白日旗統一中華民國。此倡議深得各方同情。當斯時也，甯、漢、滬三方面，雖合組特別委員會，代行中央執監委員會職權，但內部意見，仍不能化除，而且負責無人，軍事陷于停頓。國內同志，紛紛函電催促總司令返國，國民政府亦有電促。因此總司令打消遠遊歐美之計劃，十一月十日由日本回國，仍在拉都路三百十一號余寓辦公。總司令向余表示，此次回國不想復職，余曰：「既回國，必復職。」余乃本前項精誠團結，統一國家之精神，積極向各方接洽。惟武漢方面，情感尚待疏解，同時武漢對上海往來賓客，特別注意，因與王季文、羅佁子等研究，必須去人接洽，季文願冒險一行。季文于十六日夜乘輪西上，去後一周無消息，吾人甚為焦急。至十一月二十四日來電云：「一切平安，即日回滬。」十一月二十九日季文

抵上海，來談武漢之行，一切滿意，並告李德鄰（宗仁）先生亦到上海。是晚（二十九日）季文陪德鄰先生到余寓晤面，彼此握手，如見故人。余鄭重向李表示，以黨國現在與將來關係，德鄰先生必須擁護蔣先生，而蔣先生也必須維護德鄰先生，如能團結，則完成北伐，統一國家，乃指顧間事耳，至貴部第七軍改為集團軍，余當協助，不成問題，如承不棄，余願負合作責任。德鄰先生答曰：「雖與禮卿先生初次見面，但禮卿先生誠實待人，早經季文先生詳細介紹，只要禮卿先生負責，我（德鄰）必定擁護蔣先生」云云。當即代約明晨與蔣先生見面，計歡談一小時三十分而散。余于是夜十一時，偕季文謁蔣先生報告，與李氏談話之經過，及約定明晨蔣、李之會談。蔣先生允將第七軍改為第四集團軍，以李氏為集團軍總司令。

十一月三十日清晨，余陪同德鄰先生晉謁蔣先生。彼此談話，均認為完成北伐、統一中國為當前唯一之責任，其餘均照余（吳）所擬辦理。計談四十分鐘而散。

十一月二十六日羅佶子、張亞威赴安慶，接洽陳調元。羅等到後，商談圓滿，陳即電余竭誠擁蔣復職。方振武亦派代表見余表示擁蔣，並表示方氏即將來滬，親謁蔣總司令。至此各方團結，可告一段落，惟總司令復職，必須經過中央正式手續。

十二月三日在拉都路余寓，召開本黨第二屆第三次（或係四次，待查）中央全體會議，同時本黨另部同志，在上海南園亦開會議。余對兩處開會，非常痛心。其結果南園會議不足法定人數流會，拉都路會議超過法

定人數，一致決議，蔣總司令復職，完成北伐。

此次拉都路會議雖有結果，但很多老同志對余批評，為何要幫助蔣介石？余當時托萬雲階轉告汝為諸老同志，這是余為完成北伐的軍事著想，斷無對同志們厚於彼而薄于此之觀念，余相信蔣必能統率大軍，打到北京，此時諸老同志暫時出國考察（許汝為、鄒魯、孫科、伍朝樞、胡漢民、王寵惠先後出國），待我們打到北京，將青天白日旗插在北京城門頭上，歡迎諸同志，共敘一堂。

十二月八日晚六時半，蔣總司令招待楊樹莊、方韻松、李宗仁、李濟琛、白崇禧、朱培德、方振武、張伯璇、王季文及余等晚餐。此一宴會，意義甚深，各方感情，更加進步。

附記

二月十日奉命為江蘇政務委員，因不克分身，故未能就職。

1928 年（民國 17 年）　45 歲

繼續北伐政治之運用

　　余近年奔走團結，聯絡各方。幫余辦理此事，除羅佸子、王季文外，尚有張亞威、曾影毫、吳叔仁參加，今者明瞭直系之孫發緒亦亟願為國家效勞。蔣總司令既已復職，而內在意見還未一致，迭與蔣總司令商討，並與羅佸子、王季文等，一再研究，認為兩湖內部尚有問題，而奉系及直系殘餘，亦應加緊運用。遂決定派羅佸子赴北京，繼續接洽奉系，王季文赴兩湖，疏通內部，孫發緒運用殘餘直系。

關于兩湖方面

　　兩湖內部意見複雜，稍為處理不善，最易發生誤會，影響北伐，而派人前往，亦顧慮甚多，不得已祇有請王季文負此疏解之責。一月三十日余陪同王季文、溫翹生謁蔣總司令。二月二日上午王季文、溫翹生乘輪赴漢口。二月七日王季文來電，本日由漢赴湘。三月二十三日王季文來電，大家贊成北伐，內部尚易疏解。

　　三月二十六日夜，李德鄰由京起程赴漢口。

　　三月三十一日蔣總司令出發，四月一日到徐州，指揮北伐軍事。

　　四月九日王季文來電，即回京面談一切。蔣總司令由徐州來電，囑余約王季文等到徐州面談。四月十六日夜一時半火車，余與王季文、朱益之、龍鳴皐、張叔怡等赴徐州。四月十七日夜一時半到徐州。四月十八日

晨七時陪同王季文見蔣總司令，並共進午餐。下午二時
蔣總司令再到我們住處晤談，表示戰事緊急，希望武漢
各軍迅速前進。四月十九日下午與王季文、朱益之等遊
覽雲龍山、范增墓、戲馬場等名勝，晚九時火車偕王季
文、龍鳴皋、張叔怡回南京。四月二十日下午五時半到
浦口，當即電李德鄰，武漢各軍從速前進。迨五三濟
南慘案發生，王季文于五月八日再赴武漢，到後來電
云，已晤德鄰，一切無問題。雖寥寥數字，使我們大大
安心。

關于直系方面

　　敵方之佈置，準備迎擊國軍，以張宗昌為津浦路總
指揮、孫傳芳（直系）為魯南方面總指揮、張學良為正
太、平漢兩路總指揮、張作相為平綏路總指揮。當時直
系重心，除孫傳芳外，尚有鄭俊彥及在野之齊撫萬，
但孫傳芳所部自經龍潭之役慘敗後，士氣沮喪，毫無鬥
志。孫傳芳本人想將部隊交由鄭俊彥統率，本人下野，
但奉系擬利用其殘餘，作最後之掙扎。適齊撫萬認為直
系殘餘之中，有齊舊部，託由孫發緒向我方表示，願負
收編直系各部之責，並要求集團軍總司令名義。當時國
軍祇有四個集團軍，蔣總司令兼第一集團軍，馮玉祥、
閻錫山、李宗仁（德鄰）為二、三、四集團軍總司令，
而齊撫萬以在野之身，無一兵一卒，實未便發表此項名
義，允許將來收編軍隊，有一個集團軍兵力時，再發表
集團軍總司令，先由蔣總司令發表齊撫萬為東北宣撫
使，齊未接受，一面由孫發緒、溫培珊運用該部向平津

北部後撤，向熱河方面集中待命。迨五三濟南慘案發生，先後派溫培珊于五月五日北上，孫發緒于五月十六日北上，均由海道赴天津，積極運用。未幾我軍接近平津，奉軍退關外，直系全部由鄭俊彥率領投誠。

關于奉系方面

一月四日羅佶子由上海乘輪赴天津，再轉北平，一月二十二日及一月三十日先後來電，報告接洽經過情形。二月二十九日羅佶子偕奉系代表孫叔仁（山東省長）到滬，由余招待，迭與商談，孫叔仁表示此次奉命南來，與諸公交換意見，並晉謁蔣總司令，我方仍持羅佶子兩次北上帶交奉軍三原則：「（一）奉軍換青天白日旗；（二）奉軍或先撤出關外；（三）關于奉軍善後，以及奉軍將領地位，當優予考慮。」孫叔仁表示可以從長計議。三月四日蔣總司令在拉都路三百十一號余寓，接見孫叔仁，由余陪見。孫叔仁對蔣總司令表示敬意，其談話大概與余所談相同，蔣總司令對孫叔仁加以勉勵，並促孫使奉軍早日響應，孫允即向北京轉報，談話時空氣溫和，感情融洽。五月一日國軍克濟南，五月三日空前濟南慘案發生，國軍離開濟南，繞道強行渡河，節節勝利，迫近平津。

五月十一日蔣總司令致余電謂，宜乘此危急之時，與奉系將領商聯合救國之道，當即電告奉系謂，革命軍必定到北京，請體念國是危急，即日易幟，共商救國之道。奉軍見大勢已去，撤兵關外，張作霖由北甯路出關，于六月四日在皇姑屯車站慘遭日軍炸斃。奉系莫不

痛恨日本軍閥，于是嚮順國府之心愈堅。

　　六月五日國軍和平佔領北京，十二月二十九日張學良、張作相、萬福麟通電易幟，中央任學良為東北邊防司令長官，作相、福麟為副司令長官。蓋自袁世凱稱帝，國家四分五裂，人民犧牲生命財產，不可數計，今者青天白日滿地紅國旗飄揚全國，至此國家統一告成，惟鞏固統一，抵抗侵略，尚待吾人不斷之努力。

五月三日濟南大慘案

　　四月十九日日本軍由青島沿膠濟路深入，國軍五月一日克濟南，一再聲明，負責保護外僑。

　　五月三日濟南慘案發生，其肇事原因，係我軍士兵由日本軍自行劃定之防區經過，日兵即開槍射擊，旋派大隊日軍衝進交涉員公署，將交涉員蔡公時用麻繩捆綁，挖去目鼻，繼將蔡槍決，我軍退出城外，以少數軍隊駐守，死傷人數一萬一千餘人。

先赴漢口約李德鄰隨蔣總司令北上

　　蔣總司令前因寧漢分裂而下野，今以寧漢合作而復職，現在北伐既已完成，蔣總司令必需前往華北視察處理善後事宜，則必需經由武漢北上，以表示精誠團結之意志。蓋過去寧漢既曾發生誤會，吾人對于蔣總司令經過武漢，不得不預為佈置也。

　　六月九日王季文由漢口回南京。

　　六月十日余偕王季文見蔣總司令報告武漢情形，一切安定。

六月二十三日與王季文兩次晉謁蔣總司令，談話決定，余與王季文先到漢口，蔣總司令繼續前往。

六月二十五日上午余與王季文、張叔怡乘輪西上。

二十七日上午十時到漢口，比即與李德鄰、胡宗鐸等商談蔣總司令明日到漢口歡迎與警戒諸事宜。李德鄰曰，武漢治安是很好的。蔣總司令六月二十六日由南京乘艦西上，預計二十八日可抵漢口。余與王季文陪同李德鄰、胡宗鐸、鄒振鵬等高級將領，另乘小輪，開赴下游四十里，迎接蔣總司令、蔣夫人。迨坐艦抵漢時，武漢文武百官齊集碼頭，熱烈歡迎。是日也，天氣清和，人民懸旗結彩，氣象空前。

六月二十九日夜十二時，蔣總司令專車北上，吳敬恆、李宗仁、王季文及余等同行。專車開行後，王季文曰此次蔣總司令繞道漢口，與德鄰一同北上，更表現團結精神。又曰昨今兩日吾人相當緊張，現在車已開行，心安愉快。余曰這都是季文兄數月來三次奔走武漢，辛苦偉大之收獲也。

七月二日專車抵鄭州，馮玉祥由新鄉來會，及抵長辛店，閻錫山先至商談一切。

七月三日上午六時蔣總司令專車抵北平，余臨時下榻東方飯店，午十二時往碧雲寺，先至總理靈前敬禮，並見蔣總司令。

七月六日上午八時到西山碧雲寺，參加致祭總理，蔣總司令主祭，馮、閻、李襄祭，其他與祭。靈前舉行告祭典禮，瞻仰遺容，總理面目如生。

七月十日在雙清別墅參加總司令部軍事會議，所議

多是例案。

　　十一晚湯山軍事會議，余因汽車拋錨，未及前往。

　　十二日晚蔣總司令約余及葉琢堂、陳景韓談話，詢問我們對華北意見。余認為華北為帝制孽與軍閥盤據已久，人民恐怖已深，應先安撫，逐漸推行黨治。

　　七月十四日午後五時蔣總司令接見奉天代表，約余參加，並共進晚餐。

　　十五、十六兩日與奉天代表往還談話，促其早日易幟，該代表態度模稜，未得結果。

　　十七日上午偕王季文晉謁蔣總司令，報告各方情形，及與奉天代表談話之經過。

　　七月二十日上午九時余與戴季陶隨蔣總司令拜訪北洋元老王士珍（聘卿），此老態度溫和，應酬週到，實不愧北洋三傑之王龍也——北洋派素以王士珍、段祺瑞、馮國璋為北洋三傑，王為龍、段為虎、馮為狗，所以有王龍、段虎、馮狗之稱。

　　段祺瑞之胞姪宏綱（運愷）來訪，據云段老先生派他代表，擬晉謁蔣總司令，託余介紹。當時國民政府已下令通緝安福系重要份子多人，各地報紙亦紛起反對段祺瑞，並有國民政府將下令通緝段祺瑞之說。余乃迭次與蔣總司令商討，認為段氏功在國家，如迫清帝退位，討張勳復辟，反袁世凱稱帝，得以穩固國基，對德參戰，得以提高國際地位。至段祺瑞與國民黨關係，亦甚悠久，自民國五年一月陳英士先生主張聯段時起，即開始發生關係，如民國九年革命軍返粵，段氏令浙江督軍盧永祥、福建督軍李厚基協助餉彈，此事係由總理派余

親往閩、浙與盧、李兩督商洽者。

民國十一年段祺瑞派徐樹錚到桂林晉謁總理，當曹錕賄選之際，總理與段祺瑞有共討曹、吳之舉，惟總理力疾北上，與段氏共商國事，而段氏未能接受總理之意見，這是段氏之失策。現值革命完成北伐之時，如對段氏表示失當，在段氏個人無所謂，而在社會上對我們必多批評也。蔣總司令深以為然，派余為代表慰問段氏。

七月二十二日上午六時，余偕段宏綱到北京飯店晉謁蔣總司令，宏綱表示段老先生歡迎之意，蔣總司令表示派余代表慰問段老先生。余與宏綱乘當日（廿二）上午八時二十五分車赴天津，當即謁見段氏，表示蔣總司令慰問之意，段氏非常愉快，留午餐，素食，四菜一湯，極其簡單，由此可知段氏平時之生活。飯後乘車回北平，六時半謁蔣總司令，報告赴天津謁段氏之經過。七月五日起至十日除在城內見客訪友外，多半時間陪同德鄰、季文等——因德鄰初次到北平——遊覽西山八大處、頤和園、玉泉山、先農壇、北海、南城公園、湯山等名勝，在城外遊覽時，則夜宿香山甘露旅館。

七月二十六日夜蔣總司令專車南返。

二十八日晚十時余等開車南下，同行者有李濟琛、李德鄰、戴季陶、王季文等。

八月一日上午十時到浦口，遂即過江，住成賢街李德鄰公館。

北伐完成國家統一，忽起謠言

北伐完成，忽起謠言。武漢方面則曰：京滬動員西

上。京滬方面則曰：武漢動員東下，甚至曰：廣東亦已
動員，為武漢後盾。張岳軍向蔣總司令報告一個離奇謠
言，說白崇禧將率二十萬大軍入川。我聞之非常憤慨，
立即答曰：白崇禧正在天津東部，追擊張、褚殘部，他
的大軍是不是可以飛入四川，絕對沒有這回事，假如白
崇禧不奉令自由入川，我就要討伐他，不要看我一個兵
都沒有，使蔣總司令與岳軍無言可對。嗣後我深感覺欠
修養，說話太直爽，好在當時蔣總司令及李德鄰、李任
潮、陳真如等高級將領，均在上海，一致堅決表示，絕
無軍事行動。惟空谷來風，日甚一日，李德鄰為安定武
漢軍民人心起見，特派王季文赴武漢，勿為謠言所動。
適值中央召開五中全會，謠言更熾，大有一觸即發之
勢。幸武裝同志不為所動，政客造謠生事，惟恐天下不
亂，誠堪痛恨。

　　九月十八日余與李任潮、李德鄰、胡展堂、戴季
陶、蔡子民、陳真如由滬赴京，蔣總司令是晚七時招待
余等一行晚餐，並會議政府改組事宜，至此謠言與糾
紛，暫告一段落。

　　九月二十三日蔣總司令約展堂、哲生、子超、真
如、德鄰、任潮、敬之及余等遊覽燕子磯、三台洞，共
聚午餐，並拍照以留紀念，感情更加融洽。

　　十月十日雙十節，參加蔣總司令就國民政府主席，
及五院院長就職典禮，社會觀感，為之一新。惟東北與
中央雖信使往還，但尚未易幟，即先任張學良為國民政
府委員，頗多議論。

處理華北善後再赴北平

華北軍事之形勢：

（一）第二集團軍馮玉祥所部，以鄭州為中心，分佈于河南及西北甘、甯、青各省。

（二）第三集團軍閻錫山所部，以山西為中心，分佈于石家莊至北平一帶及察、綏兩省。

（三）第四集團軍以武漢為中心，其主力由白崇禧統率，肅清津東張宗昌、褚玉璞殘部後，即分佈于天津至山海關一帶。

（四）其在華北不屬于集團軍各部隊，有陳調元、方振武、徐源泉、鄭俊彥、高桂滋等部。陳、方、徐、鄭四人都是總指揮名義，計陳部三個師、方部三個師、徐部三個師、鄭部兩軍，其編制為每軍兩個師，共四個師，高桂滋係軍長名義，所部兩個師，另外有獨立師等名目。

此華北軍事之大概情形也。

國府蔣主席于北伐完成後，即有意派余辦理華北善後事宜，迭次詢余意見。余因責任重大，必須多加考慮。迨至八月三十一日、九月三日、九月四日，蔣主席三次親到拉都路余寓，商談此事，蔣主席主張余赴華北，編遣集團軍以外各部隊。余認為華北是政治問題，僅為編遣部隊，無須我往，倘北平設政治分會，我願擔任主席一職，並可兼辦編遣事宜。九月十七日蔣主席再到余寓談話，作最後決定，囑余即日先赴北平，至政治分會等名義，隨後發表。因此余決定前往華北。

十月十三日夜十一時三十分，余與李德鄰、羅佶

子、林聲揚（德卿）等乘威勝軍艦先赴漢口，十月十五日下午五時到漢口，十八日上午十一時乘火車北上，二十一日晚九時到北平。

余此次北來，擬先與各集團軍取聯絡，協助編遣各部隊，祇以白崇禧所部肅清張、褚殘部之辛勞，特于十月二十三日上午八時赴天津慰問白氏，陳真如、陳調元、方振武、羅佾子、王季文同行，白氏親到車站歡迎。十月二十五日與我們一同回北平，接蔣主席電令，派余為北平編遣軍隊主任。嗣中央為適應環境，發表張溥泉為北平政治分會主席。

十一月十二日為總理誕辰，余與各軍事首長于上午九時在碧雲寺總理靈前，由余主席敬謹致祭。

自編遣委員會成立後，先後開會五次，決定編遣原則，按照中央規定初步編遣，以一槍一兵為原則，如有兵無槍，兵即遣散，有槍無兵，將多槍繳交中央，各首長一致贊同，乃派員赴各部隊點驗。余並親至昌平，檢閱徐源泉所部。在編遣期中，方振武所部吳師譁變，當即調集隊伍，用火車、汽車各種工具，兼程追擊，予以包圍，當將該師長及為首人員逮捕槍決。方振武處理此案，洵屬敏捷。是時華北即待處理者，為白崇禧部駐防問題，中央有意命白經營西北、新疆，白亦願往，但以後方供應為可慮，故未果。

此時謠言又起，十一月二十八日接蔣主席機要室秘書陳立夫來電云，各方謠言紛起，應設法調處。繼之謠言日甚，余不斷分電寧、滬、漢各要人，勿信謠言，以維大局。至十二月中旬，謠言更熾，甚至說余將聯合

華北各部隊，討伐山西閻錫山，蔣主席亦來電詢問，似有信以為真之勢。余至此甚感應付艱難，經三日之研究與考慮，認為北平關係全局，至為重要，只有余坐鎮此間，始足獲致穩定，但現在謠言，既以余為對象，倘余不離去，人將以余權位自私，更滋誤會。在此公私矛盾情形之下，留之亦無作用，遂決計結束編遣軍隊事宜，即日南返，將整個安定華北交與蔣主席，以明心跡，而示大公。

十二月二十一日晨七時開車南下，並電漢口李德鄰從速東下，與蔣主席見面，以息謠言。余維護統一，其用心之苦，于斯可見。

十二月二十三日上午九到浦口，過江進城，住成賢街李德鄰寓所，遂即晉謁蔣主席。余首先向蔣表示，北平已經丟去了。蔣曰如何丟去了？答曰我離開北平，當然丟去了。蔣曰你再去如何？答曰既回來，不能再去了。余又曰，我此次到北平，是你答應我任北平政治分會主席的，不是專任編遣軍隊主任的。遂即暢論華北一般形勢。晚間再晤蔣主席，作長時間之談話，余堅決主張加強黨內團結，維護國家統一。蔣主席深以為然，並深知謠言足以誤國。

十二月二十四日下午六時隨蔣主席訪閻錫山，告以北平安定如恆。何以對閻氏要有此表示，因有人認為北平乃閻氏地盤之故也。

十二月二十八日上午十一時半李德鄰由漢抵京，遂即偕同晉謁蔣主席，共進午餐。經此次蔣李會談，一月來之謠言，又告平息矣。

何應欽免職之經過

　　蔣總司令昨年由日本歸來，各將領如楊樹莊、李濟琛、李宗仁、白崇禧、方振武、朱培德、朱紹良等親自到滬，晉謁蔣總司令，如馮玉祥、陳調元等則派負責代表來滬晉謁，均一致表示擁護蔣總司令復職。而唯一蔣總司令幹部，統率黃埔基本軍隊之何應欽，不但未能親身來滬，而且表示似嫌老實，因此受人批評，謂何應欽對蔣總司令復職，態度消極，或曰何氏對蔣不忠實，反蔣復職，從此發生誤會。在何應欽方面則曰，蔣總司令復職，我（何）在前方鞏固防線，以防敵人襲擊，一面聯絡各方面友軍，擁護蔣總司令。話雖如此，誤會難除。蔣總司令到京復職後，于二月九日晨與余通電話曰：「今日赴徐州。」余于九時前往送行，十時同車赴下關。余在車中向總司令曰：「勿為已甚，保留部下顏面。」連說兩次，總司令未作答。又在過江輪船中，余再曰：「勿為已甚，保留顏面。」總司令答曰：「我曉得。」總司令到徐後，將何應欽免職，以劉峙繼任何氏職務。何氏平安回京，余託友人凌毅然轉告何氏曰：「既已下台，勿再說話，過一個相當時期，蔣總司令還要起用的。」凌毅然係何應欽老同事、老朋友，凌毅然是余老同學，曾在西南擔任余的參謀長，所以託凌向何轉述余意。余與何應欽認識時間甚短，因為產生一個方面將領，頗不容易，此乃純為國家愛惜將才之故也。

蔣公子緯國讀書事

　　蔣總司令于五月二十五日致余函謂：

禮卿吾兄大鑒：

　　緯國讀書，決遷甯波為是，勿可再在租界做亡國奴生活，弟亦誓不再住租界，以為五三恥辱之紀念。如甯波無好教師，則與兄嫂同住蘇州，另擇一地可也。但須速遷，不可再住上海為盼。

弟中正頓首
五月二十五日

　　余當即轉告緯國母子謂，甯波是你們的家鄉，有現成房屋，如住甯波，一切是很便當的。這並不是我推諉，倘認為蘇州比甯波好，即住蘇州，我當負責。緯國母子考慮，為讀書計，決定住蘇州，此乃住蘇州之由來也。

結論

　　蓋自十六年上海清黨，漢口分共，蔣總司令下野，甯、滬、漢三方面合作，特別委員會於以產生。迨蔣總司令復職，特別委員會瓦解，反蔣同志或出遊歐美，或作壁上觀，黨內意見不但不能化除，反而加深。所以北伐完成後，謠言時起。余奔走經年，力謀團結，造福民生，雖勉強達成國家統一目的，但黨內意見已深，又加共黨造謠生事，政客挑撥離間，因之此等國家統一之基礎，如同建築在沙灘上一樣，遇大風必動搖。蓋大中國之統一，經過千辛萬苦，經過很長時間，流去無數鮮血，統一之難，可想而知。惟望各方面姑念人民水深火熱，維護此基礎未固之統一，則國家前途，庶有希望。

附記

二月二十二日奉命為建設委員會委員，以張靜江為委員長。

三月二日奉命為安徽省政府委員，未能前往就職。

1929 年（民國 18 年） 46 歲

中央成立編遣會議

　　一月一日在南京成立編遣委員會，各方將領齊集南京，出席會議。因裁留軍隊成數問題，頗費心思。在中央以財政問題主多裁，在地方以作戰有功主多留，上下意見，很難一致。至一月十日仍因裁留成數，更有爭論。適余近一週感冒發熱，未能出門。李德鄰忽于十日夜十一時來云，今日李濟琛與蔣總司令在會議席上發生爭論，形勢較為嚴重。余力勸德鄰要以國家為重，尊重中央意見，約定明天一同往見蔣總司令。十一日晨七時帶病陪德鄰晉謁總司令。德鄰表示尊重意見編遣部隊，總司令深表快慰。十三、十四兩日繼續會議，仍無結果。十五日會議決議：編遣區域及裁留成數，悉照總司令提案通過，隔日宣告閉會。一場風波，暫告段落。惟此案雖勉強通過，然缺乏誠意支持，將來不能實行，乃意中事耳。

出洋之動機

　　余于昨年之經驗，與此次在南京兩週之觀感，深覺各方唯利是圖，毫無愛國心思，政客從中挑撥，各走極端，團結與統一之前途，日趨黯淡。余既無權勢之可言，更無政治之私慾。過去兩年之奔走，純為忠黨愛國之熱忱。今者和平既已失望，倘個人盲目繼續周旋，即作進一步再大犧牲，亦決無補于時艱，徒使人誤會我別有用心。益以頻年奔走，身心都感疲憊，必須予以修

養。加以我國對國際間關係，日以密切，亦須稍作觀
摩。故決定出國，以備將來之大用。

【黏貼字條】此段似應略述當時個中情形，以明出國之
必須。

出洋之準備

　　老友陳光甫兄（輝德）在前年冬、昨年春常向余建
議，先週遊世界，然後回國再負責服務。余當時未能接
受其建議。今年一月八日光甫兄又兩次來談，他將赴菲
律賓參觀展覽會，或須赴歐州一行，余仍未加注意。誰
都料想不出事隔不多日，余竟為環境所迫，不得不作
出洋打算。倘能與光甫兄一同出國，誠不可多得之機
會也。

　　一月二十二日由蘇發一快信與光甫兄，請其暫緩放
洋，待我到滬面談。余二十三日下午到滬。

　　一月二十四日（陰曆十二月十四日）上午九時到上
海銀行晤陳光甫兄，告以擬一同赴南洋遊歷。光甫兄非
常贊成，並延緩他的行期，待我準備。遂介紹該行副經
理兼中國旅行社社長朱成章兄，代我預備各種出國手
續。成章兄比即陪我照相，為出國護照之用，又到旅行
社量身體高度。

　　此次出洋所有我的關心朋友均表贊同，惟羅佲子兄
尚在北平未回，去電徵詢他的意見，復電極端同意。余
向來做事，對朋友、對僚屬，採用商議之態度，從不用
獨斷獨行之手段，所以此次出洋，既得諸友好之同情，
深覺愉快。

一月二十日中國旅行社已將本國護照辦妥，今日上
午朱成章兄陪余到美國領事館，辦理護照簽字。美副領
事親自洽辦，親自打字，十五分鐘完事，足見外人辦事
迅速確實。至此出洋護照全部完成。而成章兄辦事熱心
與周密，使我未有絲毫麻煩，可感可佩。

一月三十日與光甫兄商定，既已趕不及參觀菲律濱
展覽會，擬度過農曆年後，于二月十三日乘大來公司比
亞士總統輪放洋。

二月九日即農曆戊辰年除夕，二月十日即農曆己巳
年元旦。此次在蘇寓度歲，馴叔將三歲（實足年兩歲
三十四天），活潑天真，可愛之至。余與惟仁夫人、湘
君女士上香念佛，心靜神怡。

二月十一日（農曆正月初二日）由蘇州到上海，仍
住拉都路寓所。

二月十二日上午七時蔣總司令由京到滬，彼此往訪
相左，蔣在余寓留話，約余明晨車站見面，一同赴杭
州。余出洋事，似應與蔣見面說明，抑或在放洋之先，
去函說明，倘如此做法，恐蔣未必准我出洋，反而增我
困難。思慮再三，我既感智窮力竭，無法維護大局而出
洋，乃避免是非，並無其他作用。茲為貫澈出洋目的，
祇得準備親筆一函告別，于明日開船後，由叔仁先生送
與蔣總司令。並于本日由拉都路寓所移住一品香旅社，
以示決心。

由滬放洋

二月十三日（農曆正月初四日）上午十一時半到上

海銀行，十二時至新關碼頭，乘大來公司小輪上比亞士輪。光甫兄于下午二時來船，三時半開駛赴香港。嗣由香港經美屬菲律濱、英屬新加坡、英屬錫蘭、埃及，及法蘭西、英吉利、瑞士、義大利、奧地利、捷克斯拉夫、德意志、瑞典、挪威、丹麥、荷蘭、比利時等國。渡大西洋，到美國、加拿大。渡太平洋，經日本。于十月二十二日上午六時返抵上海。此行計有八個多月，渡三大洋，遊十六個，所有遊歷經過情形與感想，因篇幅較多，另以專冊紀載。

遊歷歐美期間國內外之變化

二月二十五日在菲律濱閱報載：「廣西將領葉琪等討伐湖南主席魯滌平。」

三月三日在赴新加坡途中，船主宣布：「北京戒嚴，駐軍發生衝突。」

三月七日在新加坡閱報載：「南京、武漢雙方動員，時局險惡，有一觸即發之勢。」

三月二十一日在印度洋（吉布的）船上得上海銀行電：「寧、漢雙方佈防，蔣、胡互相通電責難，馮玉祥辭軍政部長，反對宋子文等。」

三月二十六日在埃及（開羅）閱路透社電訊：「國民政府于三月二十二日下令討伐武漢。」

四月五日在巴黎得上海銀行電：「中央軍佔領武漢，廣西軍向湘桂撤退。」

四月三十日在倫敦閱報載：「馮玉祥未奉政府命令，撤退山東駐軍，集中河南，駐京辦事處亦撤走，將

有所舉動。」

五月九日在倫敦閱報載：「粵、桂兩軍在肇慶開始作戰。」

五月十九日在巴黎：「連日報載馮玉祥所部與中央軍將開始作戰。」

二十日又載：「馮玉祥攻徐州，廣西軍將佔廣州。」

五月二十四日在瑞士閱報載：「廣西軍攻廣州失敗，馮、蔣尚未作戰。」

五月二十五日在瑞士閱報載：「國民政府下令討伐馮玉祥。」

五月二十九日在瑞士閱報載：「韓復渠擁護中央，馮玉祥所部敗退陝西。」

七月四日在荷蘭閱報載：「閻錫山與蔣總司令發生意見，閻入醫院。」

七月十日在荷蘭（阿姆斯特丹）連日報載：「馮、閻合作，蔣將南返。」

七月十八日在柏林聞：「蘇俄以中國發生內戰，有機可乘，藉口中國搜查哈爾濱蘇俄領事館，以致捕獲中國共產黨，及搜獲煽動內亂秘密文件等，遂先後向中國提出二次通牒，令中國駐蘇外交官出境，駐中國蘇俄外交官亦撤退回國，積極備戰，形勢緊張。」

七月二十一日在柏林閱報載：「中國對蘇俄通牒不答復，發宣言告天下。」

七月二十三日在柏林閱報載：「中蘇事件，美國辭退調解，法國願出調解，為蘇俄拒絕，日本有出面模樣，中國表示願意和平。」我駐德大使館對于中蘇事之

批評：「擬利用美國而無效，反使日本人吃醋，國內意見紛紛，主張不定，發言太亂，始則強硬，繼則軟弱，實有未當。」

　　七月二十五日在柏林閱報載：「閻錫山辭職，北方將領另有結合，國民政府頗感困難。」

　　八月十五日在柏林閱報載：「中蘇外交惡化，雙方軍隊衝突。」

　　九月二十六日在美國（紐約）連日報載：「張發奎部在宜昌與中央軍發生戰事。」

　　十月十六日在太平洋中閱船報載：「反蔣將領通電指責南京政府，舉馮玉祥、閻錫山為總司令。」

　　以上各點，多係在報紙上所得零星消息，而實際情形，當不祇此也。

　　就以上八個月之變化觀察，皆因內戰而招致外侮，國際地位降低。余過去之意見，如能實現，何致有當前之紛亂。余既回國，仍本以往團結內部、統一國家，一貫之精神，奔走呼號，向前邁進。

回國後謁蔣總司令，羅佶子赴香港謀團結

　　十一月十八日得陳果夫轉來蔣總司令電，約我往前方見面。時蔣在漢口督師。余于十一月二十二日由南京乘輪赴漢口，二十四日抵漢，而蔣總司令已于昨日上午返京。余于二十五日上午九時由漢口乘飛機，下午一時四十分飛抵南京。晚九時晤蔣總司令，報告遊歷歐美之經過。余謂在巴黎時，曾訪拿破侖之墓，在美時曾訪華盛頓之墓。前者規模宏大，如一帝王陵寢，故繼拿翁

之後，法國仍陷于相當時間帝制之舊轍。後者則規模簡單，乃一平民之墳墓，故美國迄今，仍為民主政治，余甚望你（指蔣）為華盛頓，奠定中國永遠民主基礎。

繼之彼此暢談時局，余坦白表示，略謂討桂不澈底，桂退廣西，討馮玉祥亦不澈底，馮退西北，將來還要討閻錫山，甚至還要討張學良，如此循環戰爭，決無結果。還是用政治方法，謀國內大團結，共禦外侮云云。蔣沉默無以為對。惟蔣仍主張與桂系合作，擬請羅俉子兄即往香港接洽此事。余乃乘夜車返蘇州，與俉子等詳加商討。認為感情大傷，各有利害關係，不易達成任務，仍盡人事，決赴港一行。

俉子于十一月二十九日由滬乘輪赴港，十二月十四日返滬，據云此行無結果。遂托叔仁先生陪同俉子乘夜車赴京，向蔣總司令報告與桂系接洽經過。余應總司令約，于十二月十九日晨抵南京，午十二時與蔣晤談。蔣仍主張連結兩廣，仍擬請羅俉子再赴廣州一行。余當日（十九日）夜車回蘇州。旋與俉子等研討對策，適王季文由港到滬，余特與之詳商，仍請其以大局為重，再度幫忙團結。季文再三考慮，勉強首肯。

回國後兩個月內外軍事之態勢

十一月十七日蘇俄用飛機、大砲二萬餘人向臚濱、呼倫猛烈進攻，我軍韓光第、梁忠甲兩旅長陣亡。十二月三日美、英、法三國致牒中、俄二國，請即停止戰爭，解決中東路事件。我派交涉員蔡運昇到伯力，與蘇俄直接談判，這樣就是等于屈伏。

　　十一月中旬國軍與馮玉祥部在豫西大戰，至二十日中央軍大獲勝利。馮軍向西潰退。又張發奎部進攻廣州，中央擬調石友三部增援廣東，忽在浦口乘船時譁變，向蚌埠逃走。但廣州戰事之結果，張發奎等大敗西潰。雖然中央在豫西、廣州獲得勝利，而內幕已在醞釀以閻錫山為首，繼續反抗中央矣。

附記

　　本年一月八日奉命為導准委員會委員，因準備出國，故未能就職。

1930 年（民國 19 年）　47 歲

繼續聯桂無結果，時局更複雜

羅佶子先生日前赴港，一月四日回上海，據云此行仍無結果。其原因桂系昨年戰敗，退集廣西，勵精圖治。現受馮玉祥、閻錫山、汪精衛之運用，以為將來有機可乘，所以態度倔強。

一月十三日余應蔣總司令約赴京，十四日兩次晤談西北諸問題。余強調用軍事不能澈底解決國事，應用政治方式，謀和平統一，與民休息。

二月二十六日應蔣總司令約赴京，羅佶子先生同行。二十七日兩次晤談，認為當前問題，在閻錫山、馮玉祥方面多，在桂系方面少。而黨內團結尤為重要，應設法勸告汪精衛，勿在各方面活動。更要從多方面聯系，或可挽回危局于萬一，但以現在情形論，戰事難免。

蔣總司令擬請羅佶子先生任江蘇省民政廳長，羅懇辭。

戰事爆發，應蔣總司令約赴前方

本年四、五月間，閻錫山、馮玉祥聯合稱兵（稱中華民國軍）。閻、馮兩軍分由津浦、平漢兩路南下；桂軍出湖南響應；中央軍主力集中徐州、蚌埠一帶，機動應戰。雙方軍力合計過百萬。在政治方面以汪精衛為首，聯絡各方政客、失意軍人，在北平組織擴大會議，反抗南京。

　　七月二十二日蔣總司令由前線來電，約余前往面談。余是日晚由蘇州起程，道經南京，由戴院長季陶派張副官送余前往。

　　七月二十三日下午三時過江，乘六時火車北上，沿途所見，都是兵車來往。

　　七月二十四上午九時抵徐州，開往西路前線火車極少。聞碭山附近鐵路于昨夜被便衣隊破壞，正在修理中。至本夜十一時運輸處來函，有車西開，限半時內到車站。余準時趕到，正值落雨，又係運軍火無座位之敞車，我們非戰鬥人員，實無乘此車之必要，乃仍返旅館。

　　七月二十五日清晨，再到車站，乘兵民混合客車，但已經客滿，即覓一立足地亦不易得。其紛亂情形，不可言狀。余得張副官之助，費盡九牛二虎氣力，方得擠入車中。七時開車西行，在車中經過九小時，天氣炎熱，汗流浹背。最難受者，汗臭薰人，更無方法入廁所。此皆戰爭中應有之現象，吾人並不以為苦，且亦應受此辛苦之訓練。下午四時抵歸德，比即至車站附近三間小屋內，晉謁蔣總司令。（此三間小屋，即總司令起居與辦公之所。）總司令溽暑專征，辛勞備至。彼此先談輕鬆閒話，總司令詢問社會對此次戰爭之批評，答曰人民不喜戰爭，希望早日和平。晚餐後，在樹下納涼，彼此暢論現在與將來之戰況。蔣曰此番戰爭，有幾次甚為嚴重，敵人曾到距此不遠之飛機場，假定稍為前進，就到火車站，則歸德危矣。若歸德不為國軍所有，則整個戰局，都受影響。現在危險時期已過去，你的觀感如

何？余以一般戰局加以分晰，回答總司令曰，隴海路戰局既已穩固，西北馮軍即使反攻，亦無能為力。津浦路晉軍集中濟南，向南急進，目的在援救隴海線之西北軍。但晉軍對東北張學良之態度有所顧慮，且晉軍戰鬥力素稱脆弱，如能從速調軍迎擊，必操勝算。至桂軍與張發奎軍于六月上旬既佔領長沙，集中泪羅，後來感覺廣東不能與之合作，正面又受共產黨之威脅，更鑒于隴海路西北軍之失利，東北張學良與閻、馮意見不一致，為保全實力計，已退回廣西，目前不致另有舉動。至於共產黨雖在湖南活動，以兩湖軍力足夠應付，長江決可安定無虞。就各方情形觀之，勝利已有把握，可為總司令預賀。蔣曰現在情況是這樣的，正在由津浦路調軍北上，迎擊晉軍，仍請注意各方動態。彼此談話非常高興，盡歡而散。總司令囑予住他專車臥室，天氣雖熱，身心尚感舒適。會見周佛海、邵力子均居列車中，親冒矢石，常數日不得沐浴，其苦可知。

　　七月二十六日清晨，會見劉紀文、楊耿光諸君。楊與余詳論兩軍戰略之優劣，認為勝利必定屬于中央。本日在總司令處午餐，有楊勝治、李抱冰二師長在座。晚餐亦在總司令處，因談話時間較多。並談及此次張治中所率在蘇州新訓練二個教導師在前線失敗情形，蔣總司令深為不滿。余曰治中由蘇州出發時，與我見面，我告治中你所統二師，都是新兵，下級軍官都是學校初畢業學生，開到前方作戰，最不宜負擔重大任務。蓋新兵初聞鎗聲，如老鼠見貓，必驚慌亂跑，應該先擔任較輕任務，練習戰場經驗。不料開到前方，立刻擔任正面重

大責任，所以失敗。總司令聞余言，頗為動容。余又曰
下級軍官一律用學生，我是贊成的，但有戰功有經驗頭
目，在戰鬥中亦應提升，以資鼓勵，要做到學生與頭目
並用，否則戰鬥精神必欠缺。總司令深以為然，當即取
筆記下，允予實行。

七月二十七日天氣更熱，擬于本日赴徐州，換車南
返。上午八時訪總司令辭行，午十二時偕劉紀文在行營
列車公共食堂午餐，十二時半開車，係在楊勝治師長專
車上，另掛一車，頗為舒適。午後六時到徐州，次日換
車南返。

應蔣總司令約第二次赴前方

本年八、九兩月戰事態勢：

（一）八月中旬津浦北段晉軍戰敗，中央軍佔領濟南。

（二）八月初旬共產黨佔領長沙，九月初旬國軍反擊，
收復長沙城。

（三）九月下旬奉軍動員入關，進駐平津，晉軍殘部退
集石家莊，固守山西。

十月一日蔣總司令來電，約余偕同二公子緯國赴
前方。

十月二日午後過江赴浦口，由津浦鐵路局長孫鶴皋
代為準備北上車位，午後六時開車北上。

十月三日上午六時到徐州換車，七時西行，十二時
抵歸德，午後二時到蔣總司令督師之柳河，與蔣總司令
見面。正值前方節節勝利，總司令精神愉快。旋即移住
總司令專車中。四時專車西開，七時到兩軍鏖戰必爭之

蘭封城。沿途戰跡，所在皆是，或破壞家產，或深溝高壘。兩軍作戰數閱月，死傷數十萬，誠空前之大戰，稀有之浩劫。尤可痛者，無辜人民死傷于飛機炸彈者，為數甚多。

十月四日上午八時隨蔣總司令入蘭封城察看防空洞。九時回車，晤馬福祥、葉蘭鑫、邵力子、張之江諸君。十二時開車，二時半到開封。聞馮軍已退過中牟，鄭州指日可下。

十月五日秋高氣爽，早晚甚涼。前方戰士因交通關係，接濟不及，尚著單衣，其辛苦自不待言。午後五時隨蔣總司令到中牟視察，旋回開封。馮軍現守鄭州附近之白沙，中央軍即開始總攻。

十月六日午與總司令在開封名勝禹王台午餐，餐後一同遊覽龍亭鐵塔，並拜大銅佛。據傳說：鐵塔銅佛係六朝時所建築，龍亭係宋太祖時所建築。晚在禹王台月下聚餐，並有馬福祥、張之江在座。今日為緯國十五歲生日，適值前方不斷傳來捷音，又值今夜月白風清，蔣總司令心境寬展，精神愉快。

十月七日，昨夜克服鄭州，馮軍將領吉鴻圖、梁冠英所部接受改編，張繼璽所部數萬人在新鄭被繳械。午後隨總司令到鄭州，尚有晉軍二師在鐵橋南口不及退走，正在包圍中，至此戰爭告一結束。

十月八日（陰歷八月十五日）上午馬福祥、張之江、郝孟齡陪同馮軍接受改編將領梁冠英，晉謁蔣總司令，余亦在座。但梁在未見總司令之先，向余表示曰：「中央命令截擊馮軍，因與馮軍都是老同事，在道義與

感情上，不能接受此項命令。如有其他命令，一定服從。」我聽梁冠英這段話，認為梁氏既已投降，在晉謁總司令時，竟敢說不服從命令，其人勇敢與義氣，可以概見。余當將此一段話轉告總司令，此人應該加以提拔。晚間總司令招待前方將領聚餐，余作陪客。此次馮軍損失約二分之一強，晉軍損失較少。

十月九日上午，我向蔣總司令供獻意見，略謂：交戰六閱月，戰線數千里，達到最後勝利。但閻錫山所部退回山西，李宗仁仍據廣西，此次善後如處理不慎，恐難免有死灰復燃之一日。且連年用兵，財政困難，人民厭戰，而共產黨乘機發展，有一日千里之勢。我素來主張團結內部，統一國家，現在應改為團結內部，鞏固統一。總司令答曰：「很對很對，一定鞏固統一」云云。午後一時蔣總司令與我及緯國公子乘一架三人座小飛機，由鄭州凱旋南京。以事先未有通告，故於四時飛抵南京機場時，無人迎候。乃到軍校稍事休息，遂即同往故行政院長譚延闓先生靈前致祭（譚係本年九月二十二日病逝）。再到戴院長傳賢家晚餐。胡展堂、古應芬諸先生聞總司令凱旋，均趕至戴宅歡迎。余偕緯國乘十一時夜車回蘇州。

擬建設太湖徵求江浙二省之意見，順便遊天台山

北伐完成，定都南京。蔣總司令及中央同人主張建設東南，而太湖流域素為東南財富之區，更須首先建設。又以太湖匪患未清，整理水警，亦不容緩，並主張由余任太湖建設之責任。但太湖流域管轄，屬于江、浙

兩省，必須徵求二省當局之同意。故余決先赴江、浙，
與二省主席交換意見。

　　四月二十五日赴杭州，晤浙江省張主席靜江先生，
討論建設太湖諸問題。張主席非常贊成，並說這件事要
問問江蘇意見如何。張主席派員陪余遊覽西湖名勝後，
又介紹省府各廳長、委員與余見面。張主席招待殷殷，
余二十七日返上海。

　　五月二十三日赴鎮江，晤江蘇省葉主席楚傖先生，
討論建設太湖事。葉主席表示贊成，並強調一切以張主
席靜江先生意見為意見，結果圓滿。葉主席陪余遊覽金
山、焦山、招隱寺、竹林寺等名勝，此皆余舊遊之地。
回憶余先伯父繼培公在滿清時，久住鎮江，任參將，兼
管防營，嗣調升狼山鎮台，余先表兄陸厚培繼任防營統
領。余亦曾任新軍第九鎮營長，駐紮南門外兵房內。余
由合肥來江南時，首先到鎮江，故鎮江與吳家淵源甚
深。又拜謁老朋友老同志趙伯先（聲）先生墳墓，計在
鎮江駐三日。

　　嗣因隴海路戰事發生，建設太湖不得不從緩進行，
只得做研究設計工作。在此期間，既感經費無從籌措，
復感兩省地方人士意見未能一致。迨戰爭勝利後，仍擬
繼續進行，故再赴浙江與張主席靜江先生磋商。

　　十一月二十八日由滬乘下午四時車赴杭州。

　　十一月二十九日上午九時訪張靜江主席于其寓所，
提出建設太湖各種計劃，並告以江蘇葉楚傖主席對太湖
建設事，以張主席意見為意見。張主席說：「中央已准
我辭去浙江省主席職。」余曰：「你如不做浙江主席，

則建設太湖，更加渺茫。」張曰：「我雖不做浙江主
席，當以浙江人（張係湖州人）資格幫忙。」張又曰：
「現在準備偕眷屬及張溥泉先生遊覽天台山，本日午後
啟程，你來得非常的巧，遇到這個機會，可否請與我等
同遊。」余亦認為機會難逢，又感靜江先生熱情，乃決
定偕行。但此次來杭，原擬耽擱二日，未帶更換衣服，
遂即出外購買零星衣物。于午餐後出發，一時渡錢塘
江，看輕便鐵道路基。由此乘汽車前進，經過蕭山，及
沈定一先生遇難紀念塔。又經過所謂山陰道上，耳目為
之一新。四時抵紹興，遊東湖名勝，是晚宿錫箔稅公
所。偕溥泉先生遊覽街市，並參觀布業公所。

十一月三十日上午八時，由紹興乘汽車出發，九時
到曹娥江之高保，改乘民船，雖順風，但天雨。午後一
時半過張家渡，七時四十分到杉樹潭，改乘汽車到嵊縣
晚餐。飯後，再乘汽車出發，于九時半到新昌縣大佛寺
住宿。該寺石佛高約十丈，相傳晉代建築。今日船過剡
溪，兩岸風景優美，目不暇接。

十二月一日清晨再拜大石佛，九時出發，順便遊覽
新昌縣千佛崖。午後三時，至距新昌五十五里會墅嶺之
太平庵。四時聽該庵僧人晚課唸經，是夜住宿該庵。

十二月二日上午七時出發，十五里至地藏庵，經過
尼姑嶺高地（十五里），至清涼寺。上午十二時至萬年
寺午飯。該寺係諦閑法師常住之所，四圍風景之佳，自
不待言，房屋規模，亦頗宏大。午後一時半出發，三時
至方廣寺，有名之石橋瀑布在焉。該瀑布上如石橋，又
似石樑，可容一人行走，水從其下流出，揮霧騰煙，蔚

為奇觀，洵稀有之風景也。是晚即住宿該寺。

　　十二月三日七時出發，八時半（十五里）至華頂寺。該寺四面環山，林木參天，惜寺屋被焚，尚未興修。又行四里到拜經台，此台為天台山之最高峰，一覽無餘，超然物外。十時到藥師庵午飯。十二時出發，行三十里到真覺寺，乃智者大師真身塔院所在地。三時到高明寺，乃智者大師講經之所，有大師遺留貝葉經，及衣鉢等等。過金雞嶺高地，五時到國清寺。該寺乃天台山第一大寺，規模偉大，氣象莊嚴，可住僧眾五百人，現只僅百人耳。

　　十二月四日上午三時半起身，到大殿隨眾僧拜佛，一時屏絕慾念，心境為之一變，萬事皆空。助洋五十元，與眾僧結緣。六時至念佛堂觀音堂進香，及寒山、拾得、大丰三大僧殿進香。八時出發，滿天風雨。十一時至白鶴殿飛泉小學午飯（行三十里）。十二時半出發，四時半到太平庵（計四十里），至大殿拜佛，是晚宿此庵。

　　十二月五日八時出發，十一時半到新昌，二時繼續前進，三時到嵊縣，住芷江醫院。

　　十二月六日上午七時由嵊縣乘汽車，七時半到杉樹潭，改由舟行（用汽油船拖帶民船）。午十二時到高壩，十二時半乘汽車，下午三時到錢塘江邊（計行一百七十里），過江至靜江先生公館休息。偕溥泉先生至三星池沐浴，于下午六時同乘火車返滬。

　　此次遊覽天台山計共八日。所有寺院地位，及各處風景，大都優美，所缺者，有好山，少好水耳。在此八

天中，我等食住多承靜江夫人隨時照料，隨時佈置，心感之至。余每晚與溥泉同住一室，彼此暢談，無任愉快。同遊者尚有浙江公路局長吳足之、電報局長潘銘新、團長吳之生、謝任難、營長蔣伯範等。

請伍伯谷孝廉教授蔣公子國文

　　蔣公子緯國母子，于十七年移住蘇州，一切平安。緯國現在東吳大學附中讀書，成績甚好。上次余在前線晤蔣先生時，彼深以緯國國文，最關重要，必須于學校課餘時間，在家補習，托余另請國文教師。余特商請至友伍伯谷先生擔任此事，伍氏慨然允諾。伍氏四川成都人，清孝廉，學有根底，精通佛學。于九月十三日來蘇，下榻余宅。每逢星期六、星期日學校假期，教授緯國國文。余因伍氏下榻余宅，朝夕相晤，機會難逢，得以與之隨時研究佛學，獲益良多。

附記

　　八月二十九日馴叔入景海女子中學附屬幼稚園。陽曆十二月六日馴叔滿四歲。

1931 年（民國 20 年）   48 歲

政府發表余為導淮委員

二月七日政府發表余為導淮委員，兼常務委員。淮河連年水患，人民痛苦不堪。擬即就職，稍盡桑梓之義務。

政府發表余為監察院監察委員

二月十二日政府發表余為監察委員。十四日蔣總司令約余見面，促余就職。祇以監察委員不能兼職，故將導淮委員辭去。二月二十三日上午八時參加監察院紀念週，十時至國民政府大禮堂，舉行就職典禮。計到院長于右任、副院長陳果夫、委員高一涵、劉成禺、蕭萱、劉三、姚雨平、田炯錦、謝无量等及余共十四委員。余一生喜歡直言，易于起人誤會，于公于私，都是吃虧，此次出任監察委員，自當遵先賢之訓示，敏于事而慎于言。

赴香港疏解桂系

立法院長胡漢民，反對訓政時期約法，免去院長職務，留居湯山，引起政潮。兩廣與中央不合作，更以此藉口，作反中央之宣傳。

三月四日蔣約余談話，囑余赴香港疏解粵、桂。

三月十日由滬赴香港。是晚十時登美輪比亞士總統號，十一晨五時開輪。余乘比亞士輪連此共三次。第一次十八年春偕陳光甫往馬尼剌，第二次偕章行嚴（士

釗）由美洲返國。因此船員頗多認識，招待格外週到。

三月十三日午十二時到香港，王季文、麥慕堯等來船迎接，下榻九龍彌敦飯店。余擬即赴廣西，與李宗仁、白崇禧晤談。王、麥等認為貿然前往，恐有不妥。經三日之磋商，決定由余致李宗仁親筆一函，請麥慕堯先赴南寧，與李、白交換意見，然後余再前往。麥氏十六晚起行。

自十七日起專待麥氏消息，以定行止，無聊已極，只有藉此遊覽港九，如新界、宋王台等處。查新界原係一片荒蕪之地，經英人經營，已成為山清水秀之世外桃源。宋王台乃宋朝最後皇帝昺住節于此，嗣至崖山，元將來侵，帝與陸秀夫溺水而亡，張世傑船遇風亦亡。

三月二十四日麥慕堯來電：「已抵南寧。」

三月二十七日李宗仁來電云：「已與慕堯晤談矣，餘函詳。」似無歡迎余入桂之意。

四月四日已閒住旬日，益覺無聊，乃由周玉麟陪余前往澳門遊覽。於午後二時開輪，五時抵澳門，遊覽全市。街道汙濁，賭場林立，此地乃中國唯一藏垢納汙之所。

四月五日（陰歷二月十八日，係余四十八歲生日）偕周玉麟遊覽前山、香山（即中山縣），到總理故里翠亨村，四面環山，風景秀麗。出村口即是海港，氣勢雄偉。既有秀麗的山，雄偉的海，所以特出此一代偉大人物。

四月六日清明節，又係觀音會期，紅男綠女，進香掃墓，爆竹連天。至媽祖閣，經曲徑達觀音閣，依山臨

水，大有令人留連忘返之概。

四月七日午十二時返抵香港，知麥慕堯因事不克來港，轉來李宗仁致余親筆一函云：

禮卿先生惠鑒：

　　欣奉手書，足慰久懷，塵勞蘊結，如何可言。枉駕承顧，阻於道路，未克把晤快敍，曷深悵惘。望俟交通無阻，來桂一遊，得傾積愫耳。專此奉復，順頌
勛祺

弟慎勤敬啟

三、廿八

　　慎勤是宗仁與季文等約定別名。

四月九日晚八時登昌興公司亞洲皇后輪，十日早六時開船。此次來港，四星期之久，未得結果，大局前途，未可樂觀。十二日上午十時抵上海，電詢蔣總司令在何處見面，復電杭州見面。

四月十三日午後一時到杭州，住西冷飯店。晚八時晤蔣，即將接洽桂系情形說明，並告兩廣既已結合，必另有舉動，蔣意仍希望設法疏解。

兩廣公開反蔣

四月三十日監察委員古應芬、蕭佛成、林森、鄧澤如通電反蔣。此乃汪精衛、胡漢民、許崇智的聯合結果，就余以過去歷史判斷，此等利害結合，決難持久。

五月六日陳濟棠響應四監委卅電，事態擴大，將另

組政府。

五月二十九日廣東唐紹儀、許崇智、汪精衛、李宗仁通電，限蔣四十八小時下野，似有再用兵一途。

託謝遹民赴港轉達中央和平意旨

六月三日蔣總司令與余商粵局，中央不欲用兵，希望團結，希望和平，囑將此意設法轉達粵方。余以上次前往疏解，既無效果，當前不能再去，只有托接近彼方人士代為轉達。擬托謝遹民（係王季文內弟）赴香港一行，轉達此意。遂即徵詢謝遹民意見，彼允即日赴港。

七月一日蔣總司令下令總攻贛南土匪。當此剿匪正在緊要關頭，忽聞廣西軍隊，即將進入湖南。

七月五日謝遹民由港返滬，據云兩廣各派意見未能一致，但反蔣意志確實一致，非蔣下野，不足以言和平。蔣果下野，廣東決取銷現在所組織政府，以謀統一。王季文個人尚有一句話，蔣如下野，可能再與之商國事。遂即將此情形，轉告蔣總司令。

余再赴香港謀和平，蔣總司令下野

八月二日蔣總司令約我赴南昌一敘。

八月四日由滬乘輪前往。上午四時開船，晚八時過江陰，五日午十二時過南京，七時過蕪湖。近月來長江大水，堤圩衝毀，禾苗淹沒，破壞家屋，順流漂下，人民流離失所，目不忍睹。淮河水患，亦復如此。今次大水，乃三十年來所罕有。

八月七日，本可於昨晚抵九江，因水大流急，上行

特別遲緩，延至本日上午四時抵九江。趁八時火車，下
午二時抵南昌——正值石友三軍在河北大敗，繳石軍械
三萬支——七時晤蔣總司令于百花洲，談時局。余仍本
過去團結統一老調。說話大意：環顧內外形勢，更須積
極團結。謝麗民由港回滬報告，粵方要求總司令下野，
他們取消政府，謀黨國統一。蔣答曰：慢慢再說。

　　八月八日（立秋）晚八時再晤蔣，再談時局。問我
意見，答曰：昨晚已經談過粵方態度。你如認為剿匪軍
事，必須團結內部，不妨接受粵方意見而下野。但他們
決負不起國家重大責任，就是剿匪軍事，亦無辦法，很
快還要請你出來的。我是毫無成見，不過將粵方意見，
提供談談而已。蔣曰：明晚再談。

　　八月九日午後六時晤蔣，經過四小時磋商。蔣曰：
只要粵方果能取消政府，我（蔣）就下野。余曰：希望
粵方諒解，精誠團結。最好彼等取消政府，你不必下
野。如果彼等必定要求你下野，為取消政府之條件，我
亦只能口頭答應可以勸你下野而已。蔣曰：好好，就這
樣辦。

　　八月十日上午七時乘江利專輪回南京，午後一時抵
吳城，遇風暫停，即在此處過夜。十一日午十二時開
輪，下午四時過湖口，十一時半抵安慶休息。

　　八月十二日晨四時開輪，午後六時半到南京。舟行
三日，所見汪洋大水，人民何以為生。而土匪擾亂，到
處殺人，正所謂刀兵水火一齊來。誰為為之？孰令致
之？吾人必需反省。

　　八月十六日香港轉來廣州電，歡迎余前往面談。

八月十八日上午十時登日輪伏見丸赴香港，午後一時開輪。羅佶子兄大小姐京慧，亦乘此輪赴香港教書。

八月二十一日上午八時半抵香港，住彌敦飯店。

八月二十三日廣州派張伯璇來港招待，並攜帶李宗仁致余親筆函。內稱：

禮卿先生道鑒：

久違矩範，縈念日增，祇以情勢懸隔，至稽音候，不勝歉仄之至。頃悉尊駕惠臨香江，為黨為國，欽佩莫名。年來日言統一，則分崩離析之勢日甚。日言剿共，則共匪愈加滋蔓。國事至此，可為浩嘆。若不急圖挽救，大好山河，吾黨同志恐無容身之所矣。至弟意見，則悉唯中央非常會議諸公之命是從。茲因伯璇同志赴港之便，特請代為致候，恕不多贅。耑此，敬請

勛祺

弟李宗仁敬啟

二十二日

張伯璇轉述廣州諸同志意見，請余到廣州商談。我一再表示不願前往，請廣州同志來香港商談。伯璇擬即回廣州轉達。余又向伯璇表示，此次來港，純為大局謀和平，外間謠言很多，紛傳為蔣某遊說及某種策略而來，未免以小人之心，度君子之腹。請伯璇轉達廣州諸同志，文人靠筆，武人靠槍，我既無筆又無槍，所靠者信用耳。倘諸同志相信我的話，我們可以談談，否則何必多此一舉。伯璇答曰：禮卿先生素有信用，廣州同志

都知道的，所以他們歡迎你南來，共商國事，外面閒話，可以不聽。

八月二十七日張伯璇來告：廣州已推汪精衛來港商談。約定本晚八時與精衛見面，彼此交換意見。余談話大意如下：自民國十六年甯漢分裂，至十七年大團結，完成北伐，全國統一，此乃千載一時建設國家之機會。不料十八年武漢戰事爆發，統一破裂。迨戰事結束，十九年隴海路復起大戰。及將結束，繼之甯粵發生裂痕，另組政府。我不知道同為信仰一個主義的黨，為何弄到這個地步。實在對不起老百姓，對不起先總理與先烈，我們大家都要認錯。精衛曰：介石不開誠，才鬧出這些事，廣州諸同志出乎不得已之行動。余曰：局面鬧到這樣，要大家負責的。精衛一再申明，廣州諸同志一致希望和平，請你（吳）同到廣州，與大家同志面談。余堅決不可，請諸同志來香港面談，或在一船上見面均可。精衛曰：既是這樣，請禮卿先生在港稍待，待我（汪）即進省與古湘芹（應芬）、孫哲生（科）等同志秘商具體辦法，再行奉告。計談三小時，甚歡而散。

八月三十日張伯璇來港，帶來汪精衛親筆函，稱：

禮卿先生惠鑒：

前夕謦領教益，銘感交縈。回省僅與哲、湘、伯、德四兄談及，對于盛意，同深敬佩。惟弟五人來港，不惟視聽太惹注意，恐亦影響及於先生。故詳商久之，仍祈先生不吝一行。弟負責除上述四兄外，不使第五人知之，敬祈鑒諾為幸。餘託伯璇兄面達，恕不一一。敬請

台安

　　　　　　　　　　　弟汪兆銘頓首

　　　　　　　　　　　二十九日

　　函中所謂哲（孫科）、湘（古應芬）、伯（陳濟棠）、德（李宗仁）。汪函既已如此表示，只有赴廣州一行。即於三十日晚十時偕張伯璇、王季文乘泰山輪進省。

　　八月三十一日上午六時抵廣州——余係民國十一年被迫離廣州，迄今九年矣——在張伯璇家休息，先與李宗仁晤談。十一時半至古應芬家與汪精衛、孫科、陳濟棠、李宗仁五人談話。我勸他們以黨國為重，精誠合作，互相原諒，舊事不必重提。他們堅稱，介石如下野，廣州可以取消政府。他們既採不還價態度，我亦只得表示：「你們既可取消政府，我自當勸蔣下野。」汪精衛親手草擬五項原則：

（一）介石通電下野，廣州通電取消政府，兩方各派出全權代表五人至七人，組織統一會議，產生統一政府。

（二）統一會議在南京開會，但須先變更京滬區域環境，使各代表安全行使職權，否則另議地位。

（三）統一政府未正式成立以前，統一會議有處理政治軍事最高權。

（四）統一會議同時負責籌備第四次全國代表大會。

（五）統一會議及統一政府負責於最短期間合全國兵力，剿平共匪。

　　即在古家午飯，至三時會談完畢後，古先生約余單獨談話。古談到本黨分裂，人民痛苦，雙淚俱下。他強調此次在廣州舉動，實有不得已苦衷，請南京諸同志諒解。余即對古多方安慰，遂告辭。乘下午四時輪回香港，擬明日返滬。

　　九月一日午十二時登美輪比亞士總統號，午後二時開輪。余乘此輪前後計達四次，其因緣之巧合，何以若是乎。

　　九月三日下午四時抵滬，夜車赴南京。

　　九月四日上午七時到南京，下午七時晤蔣總司令，將在粵接洽經過予以說明，並轉上粵方所提五原則。計談一小時。蔣約下次再談。我並說這個原則，暫存總司令處研究，將來仍交我保管。

　　九月七日午後五時晤蔣，彼此再研究粵局，仍無十分結果。

　　九月八日兩廣軍隊進湖南，中央軍亦出動，這真是為赤匪造機會，令人痛心。比即電廣州：

湘琴、精衛、哲生、伯蘭、德鄰諸先生勛鑒：

　　所事正在進行中，惟聞兩廣出兵，能否停止，如何？盼覆。

忠信

庚

兩廣覆電：

庚電敬悉。

（一）介石贛中剿匪迭次失利。

（二）赤禍且已延及湘境，並移剿共之師以擊粵，分
　　　由閩、湘進兵，故不得不興防禦之師。

　　介石下野通電一發，此間立即停止對蔣軍事行動，
並可商合圍剿共辦法。仍請照前議進行為禱。

銘、芬、科、仁、棠
灰

　　九月十二日午後七時蔣總司令，轉粵方來電。蔣親
筆用余名義擬致粵方電稿：

湘芹、精衛、哲生、伯蘭、德鄰諸先生勛鑒：

　　灰電已轉介石。此間望和甚切，請諸兄速推代表二
人來滬，介石極願面商一切。只要於情理可通，則諸事
均可洽商。如用武力強迫方式，則認無誠意，反致前途
絕望也。

忠信
寒

　　九月十七日粵方覆電：

禮卿先生勛鑒：

　　介石自動下野，黨內糾紛，從此可和平解決。至下

野後辦法，弟等以為宜由統一會議公推負責人員，執行
軍政職務。現為免武力逼迫嫌疑，昨已電飭入湘各軍，
停駐粵邊。惟寧、滬軍事環境未變更以前，兩方代表不
如到香港洽商。如何？請復。

　　　　　　　　　　　　　　　湘、銘、科、仁、棠
　　　　　　　　　　　　　　　　　　　　　　銑

　　比即復電，告以已轉介石矣。

　　九月十八日上午蔣總司令赴江西剿匪。臨行告余，
關于兩廣方面事，請稍待數日，待回南京再談。余表示
現在兩廣態度堅決，我已盡最大努力，迄今尚無結果，
深感責任重大，內心甚感不安。可否另外請幾位同志
前往，繼續與他們談判，我仍從旁幫助。蔣再曰：等我
（蔣）回來再說。余亦趁此回蘇州休息。

　　九月十九日晚得京電，日本為達成侵略之目的，於
昨晚（九一八）進攻北大營，本日晨六時竟佔瀋陽。陸
續進兵，將寬城子、牛莊、營口、安東相繼佔據。沿途
槍殺人民，東北大局一髮千鈞。蓋東北變起非常，全國
民意激昂，社會群情惶惑，此皆年來內部戰爭所醞成。
言念及此，感慨萬端。

　　九月二十三日夜間接蔣總司令二十二日來電，促余
進京。余於二十四日午後四時到京，即往陵園晤蔣（於
二十一日由江西回南京）。他說：東北事起倉促，形勢
不佳，昨日與中央同志會商，必須黨內大團結，將你帶
回廣東方面所提原則，交諸同志閱看，當即派蔡元培、
張溥泉、陳銘樞立即赴粵，他們已經起程，請你即日前

往。余曰：請他們先去，如有必要，我再去。蔣曰：可以的。

十月七日接廣州來信，告以粵當局因東北事變，均感國事危急，希望和平，希望團結。因此於十一日赴南京晤蔣，再談和平團結諸問題。

十月十三日胡展堂由港抵滬。胡反蔣又反汪，並未直接參加廣州組織。──古應芬間接代胡參加──余與胡晤談，仍係牢騷滿腹。

十月十九日香港來電，汪精衛、孫科、王季文、張伯璇已起程來滬。余一面轉電蔣總司令，一面赴滬與彼等見面。惟暗潮甚多，尚待疏解。李宗仁交彼等帶來親筆函稱：

禮卿先生台鑒：

羊城把晤，匆匆言別，未盡衷曲，曷勝惆悵。週來暴日侵逼日亟，共禍未靖，中樞復久失信於國人，此真民族存亡之秋也。茲和平統一，能否實現，以挽垂危之局，胥視介公有無退讓之大勇以決之。竊介公主政，數載於茲，內政外交，舉措乖常，論職守與道德，應負完全責任。似宜磊落光明，引咎下野，以謝國民，並申明此後以在野地位，贊助統一政府，共抒國難。則於黨於國，皆可恢復情感與信用。異日東山再起，報效黨國之日正長也。倘固執成見，視國難如兒戲，覆巢之下，必無完卵，可不懼耶。屬在知交，敢獻愚忱，懇代轉陳採納，黨國之幸也。耑此，敬候

綏安

弟李宗仁敬啟

廿年十月八日

　　蔣、汪、孫等於二十二日在滬談話，均認為非謀團結，不足以禦外侮。遂即由雙方推派代表，磋商和平。

　　十一月二日，汪精衛約余在張伯璇家單獨談話。汪說雖與蔣見面談話，但寧粵雙方意見，仍是很多。余曰：無誠意當然弄到這個地步。汪曰：將來改組政府，你還不參加嗎？余曰：你們這樣幹法，是矛盾無結果辦法，我當然不參加的。

　　十一月八日，寧粵和談，經過很多周折，今始結束。其結論：一切問題，於舉行第四次代表大會來解決。但須容納粵方所選出之中央委員。

　　十一月十八日，粵方在上海大世界召開第四次全國代表大會。

　　十一月二十日，余到南京中央黨部，出席第四次全國代表大會。中央擬以一、二、三屆中央委員為當然委員，另選二十四人。但招粵方反對，和平因之發生阻礙。中央請胡漢民、汪精衛、孫科及粵系委員共同來京開會，然後蔣辭職。而胡漢民來電，則非蔣先有辭職表示，不允來京。

　　十一月二十六日，胡漢民由滬赴粵，內部團結，更屬茫茫。值此吉、黑兩省，繼瀋陽為日寇佔領，三省全亡。又一面進攻錦州，威脅平津，提出無理要求。國事如此，我們中央負責同志，何以對國家民族，更何以對歷史之交代。

　　十二月十五日，蔣總司令為謀寧粵團結計，向中央提出辭呈，將國府主席、行政院長，及海陸空軍總司令本兼各職，一併辭去。經中央常會接受，選任林森代主席，陳銘樞代行政院長。十七日孫科乃率粵方諸委員共同來京，然汪、胡二人仍未同來。甯、粵界限，依然森嚴，相猜毋乃太甚。

　　十二月十八日，得李宗仁來電云：日間來滬，請代向蔣先生先容。李二十一日到滬，蔣來電，託余招待。蓋蔣桂關係，分離已三年矣，余在此期間受種種閒氣，從此謗我者，無以藉口矣。

　　十二月二十九日，中央正式選舉林森為國府主席，孫科為行政院長。

由闊家頭巷老宅遷移東小橋新宅

　　民國十一年，惟仁夫人以四千三百元，購蘇州帶城橋闊家頭巷住宅一所，原主人亦姓吳。此宅坐北向南，大小破舊房屋三十餘間，中有古老大廳三間，傳係明代所建者。余十一年由粵解職回滬，深感人心不古，無公道，無是非，決心閉戶讀書。更以生活力量有限，不能做海上寓公，只得避居蘇州，謝絕交遊。殊不知住此古屋，正好讀古書。最幸運者有良友羅佶子、伍伯谷諸先生，時相過從，切磋孔、孟、佛、老諸家學說，其收穫有不可思議者，此乃在粵時反對我者之所賜也。余除讀書外，一面改造此古屋，留其精華，去其無用。並用極少工人，極小規模，以修屋作消遣。經三年之久，成為比較可用之住宅。同時將原有小花園，慢慢加以整理，

加種花木，亦成為適用花園。因此深得造屋植樹之經驗。因出路太壞，經過很小窄巷，很臭廁所。而鄰居良莠不齊，必須遷地為宜。適于十六年有嚴衙前東小橋毛姓地皮一塊，約十一畝出售。其東面（街對過）有二十畝園林，即是羅借子先生住宅。其南面有園林七畝，即是伍伯穀先生住宅。其北面有園林五畝，即是借子先生親戚黃君住宅。其西南有王姓空地十餘畝。羅、伍、黃三家花木極盛，環境優良。此地距東吳大學及博習醫院甚近。以種種條件，切合我的理想，故決定購買此地。經伍伯穀先生介紹，以七千一百元成交。余得趁此時機，建設園林，既可修養身心，復可避免政治煩惱。其造屋、植樹等等，很多出自老同學曾影毫、梅佛庵之幫助與設計，其經費由叔仁先生籌劃。此地原經毛姓種有梅花三十餘株，圍牆四周都是垂楊柳，乃將雜樹一律除去，陸續由余親手種以優良花木。更以道路溝渠為園中重要工程，特別加以注意。因此園中到處可以交通，地溝到處可以暢流。另有荷花池、竹園、菜園等，可以說應有盡有。惟蘇州有名之太湖石，斷不可缺，乃零星覓購，雇技巧工師，建造假山。每一湖石之堆砌，多由余親自過目，余最心愛者，此園之湖石也。從十七年起開始造屋，先造門房三間。十九年七月開工，造客廳三間，由江北人賈在富作廠承包。十九年八月造門房至客廳走廊，其用灣曲方式，係借子先生設計者。十月建三上三下樓房一所，及廚房三間，下房兩間，由蘇州人徐高生作廠承包。房屋一律採用中國式，惟門窗及一切裝修，則用西式，以工堅料實為原則。至二十年二月新屋

雖已完成，其經費除惟仁夫人變換手飾四千餘元外，其他多屬挪借，故將闆家頭巷老宅出售，以一萬七千元讓與同鄉劉養卿先生。查此宅係以四千三百元購來的，加以逐年改造與修理，共用去一萬一千元。今出售賺六千元，乃係余數年辛苦之所應得也。二十年三月三十日惟仁夫人、湘君女士偕馴叔愛女搬進新宅。適余正在港奔走和平，未能同進新宅，殊為悵悵。至四月十四日下午回蘇，進住新宅，極為愉快。

黃蘆鎮墾荒湖地

在五年前與羅佶子、張亞威、曾影毫、宗洞天、何肯蓀、吳叔仁同購買黃蘆鎮湖地約一千二百畝，築堤墾荒，由曾影毫主辦。不料數年以來，成績有限，且缺乏資金，並有債務，大有欲罷不能之勢。迭次與同人會商，認為希望渺茫，多有後悔之意。佶子表示，無資增加。亞威表示，無論如何，要收回本錢。何肯蓀表示，不但不能增資，債務亦只好不管。叔仁無意見。影毫因係主辦人，不便有所表示。我與洞天主張增資，或加外股。幾次會商，均無結果。最後還是增加外股。適冷禦秋有意此種事業，即由冷約陳鳴夏、李師廣、李瑞安加入新股，還清債務，繼續工作。須知我們這麼多人，開墾一千二百畝湖田，如此困難。由此類推，可知辦其他大實業，更屬不易。

吳天幹、吳天植、張國書大學畢業

他們自中學起，就是由我負責。今年暑假，天幹在

浙江大學畢業，天植、國書在勞動大學畢業，我非常快
慰。但畢業後，工作問題隨之而來。我囑他們一面自
修，一面待機會，在未有工作之先，其生活由我幫助。

馴叔患痧症

馴叔于四月十四日忽發熱，出紅痧。這是小孩應有
之過程。經送醫診治，至二十五日痧始稍退。此種病如
認識不清，或醫治錯誤，很可發生危險。中國醫法，唯
一避風。

吳少祐兄回國

友人吳少祐兄偕法國夫人，於十一月十五日返回上
海。我深感他在歐洲之招待，特到碼頭歡迎，並介紹晉
謁蔣總司令。

本年結論

十二月三十一日，民國二十年至今日，已是一年尾
聲。此一年中之回顧，可以說內部鬧意見、爭權利，以
致政治腐化，社會混亂，造成九一八大事變。當前日寇
鴟張，赤匪燎原，江淮大水，民不聊生。似此國難未
已，驚耗頻傳，國土崩潰之局已成，中央同志們應該大
覺大悟。從明日起（二十一年），與民更始，亡羊補
牢，未為之晚。余既未負任何責任，本年約二分之一時
間，在外奔走，所為者何，忠黨愛國耳。

1932 年（民國 21 年）　49 歲

汪精衛、蔣介石進京共同負責，孫哲生辭職

自昨年十二月十五日介石下野後，選孫哲生為行政院長已半月有餘。雖其間廣東政府于一月五日自動取消，但孫內閣對內對外毫無辦法，而財政更感困難，有瓦解之勢。益以日軍佔領錦州後向熱河推進，大局形勢日趨危殆。余即在滬與汪精衛、李宗仁、馮玉祥、李濟琛諸同志磋商，非團結不足以禦外侮，一致主張汪精衛、胡展堂、蔣介石一律到京共同負責。因此精衛、介石于一月十九先後進京，而展堂仍在香港未來。這就是介石二次下野，因當時形勢所需而再出山。

一月廿五日行政院長孫哲生、外交部長陳友仁因主張對日絕交，中央不同意，憤而辭職，先後赴滬。所謂團結又生裂痕。

一月廿八日中央臨時政治會議，准孫哲生辭職，選汪精衛為行政院長，從此中央政局得以暫告安定。

一二八淞滬戰事爆發

自去年九一八日本侵略東北戰事發生後，即不斷到處挑戰。上海日本領事以日本僧人在三友廠被人毆傷，向市府要求道歉、賠償、懲兇、制止排日四條件，市府已滿意答復，而日領更進一步要求接防閘北，市府不允，謠言遂起，華、租兩界特別戒嚴。

余應介石約，一月二十八日由滬乘夜車赴京，於夜十一時到北火車站，而租界通車站閘門已經關閉，嗣經

車站職員薛傑交涉，始開閘門放行。余登車後，於十一半開車，已聞閘北不斷槍聲，所謂一二八淞滬戰事，即從此開始矣。

余到京後晤介石，他說滬戰既起，決定抵抗，即調隊伍增援，約你來京原想談談安徽事，請你去做省主席，現因滬戰，只得暫緩。

國民政府應付淞滬戰事，有：

一、派精銳部隊第五軍前往增援。

二、國民政府宣言遷洛陽，不受日本壓迫，自由行使職權。

三、外交部宣言採自衛手段，對於日本武裝軍隊之攻擊當繼續抵抗。

四、向英、美政府抗議日軍利用上海租界為護符（動則由租界衝出，敗則退入租界，甚至日本旗艦亦停虹口附近）。

日本海陸軍意見不一致。海軍見陸軍既快且易佔領東三省，復向華北發展，海軍急圖立功，故海軍陸戰隊在上海發動。原期一舉成功，不料我十九路軍予以猛烈抵抗，兩軍在閘北、江灣激戰一星期之久，日本海軍陸戰隊一敗塗地，日海軍司令鹽澤自殺。

二月七日日本通知各國派正式陸軍來華，從此戰區由閘北、江灣陸續擴大至吳淞、廟行鎮、七鴉口、楊林口等處，每日都有戰事。其中以二月八日敵攻吳淞一役，死傷二千餘人。二月十三日晨，敵偷渡蘊藻浜，被國軍包圍痛擊，死傷六百餘人，被俘一千餘人，所謂野村中將攻吳淞之計劃完全失敗。日本政府派植田為上海

陸軍司令，二月十六日植田致我方最後通諜，在廿四小時以內限十九路軍撤退至一空地區，否則日軍即下總攻擊令，經十九路軍予以拒絕。二月廿二日日軍以全力向廟行鎮、江灣、閘北一帶總攻，仍無結果，死傷三千餘人，被迫後退，而廟行鎮我第五軍某師官兵亦死傷幾三分之一。是日（廿二日）敵機六架與我機一架在蘇州上空交戰，我人機均毀，忠勇架駛二人，一為美國人，一為本國人，雖死猶雄也。日政府以戰事仍無進步，派白川大將來滬指揮。三月一日敵海陸空三軍，先在七鴉口登陸。三月二日敵約二萬人在瀏河登陸，我軍自動撤退，固守南翔第二道防線。

國聯會代議長彭古限日本在三月三日上午四時前確定和戰，日軍於三日午通知英海軍轉知我外交部，日軍已於三日晨二時停戰。但日軍一面說停戰，一面仍在南翔、嘉定、太倉一帶作戰。我軍遵照國聯決議，下令停戰。日軍至十一日始由黃渡、浮橋、楊林口、七鴉口等處後退。從一月廿八日起至今日止，計四十三日之血戰，我軍民犧牲重大，閘北至吳淞一帶砲火所至，廬舍為墟，益以日本飛機助戰，盲目投彈，死傷無辜平民不計其數，誠中國之奇恥大辱也。

四月廿九日日本軍政要人在上海虹口公園舉行天長節慶典時，朝鮮志士拋擲炸彈，白川大將被炸斃，其他植田、野村、重光、村井均受重傷，天網恢恢，侵略者應有之下場也。

五月五日上海停戰協定簽字，日本撤兵，滬戰告一段落。

　　淞滬戰役，我軍民與地方雖有重大之損失，而其收
穫者有：

一、發揚民族精神。

二、中國人素來恐懼日本，受其欺壓，不僅不敢回手，
　　且亦不敢回口，今者竟敢於對抗作戰。

三、日本陸軍名聞世界，今次作戰損兵折將，費如許時
　　間，未得結果，大失軍譽。

四、中國深得國際同情，如德國批評遠東有新興勢力突
　　起（指中國）。

蔣公子緯國母子赴湖州

　　蘇州為淞滬戰役後方基地，政府下令疏散婦孺。蔣
公子緯國在蘇州讀書，自無留蘇必要。二月十三日介石
來函：

禮卿吾兄大鑒：

　　本日回抵浦口，佈署一切。此時和戰未定，蘇州必
現驚恐之象，緯國等應如何辦法，請兄代決，總使不致
臨時慌張。

中正手上

十三日

　　比即復函：

　　十三日手示敬悉。滬上戰事發生，蘇州尚覺安靜，
惟為先事預防計，已商定必要時送緯國到湖州暫住，

看情形如何，再作計較。現在一切已準備妥當，可釋
系念。

　　　　　　　　　　　　　　　　　　忠信敬啟

　　　　　　　　　　　　　　　　　　十四日下午

　　嗣蘇州形勢更緊，介石來電促緯國等速赴湖州。余
於二月十九日黎明送緯國母子到閶門南星橋搭輪，六時
起碇赴湖州。

申叔兒出世，不幸羅女士湘君逝世

　　蘇州自因滬戰，積極疏散。我家因湘君女士懷孕已
至臨產期間，萬一撤退於途中發生問題，更感困難。經
一再考慮，祗有在蘇州生產後，再作打算，且早已與美
國教會會所辦博習醫院接洽妥當，預定住院生產，雖
時局緊張，該醫院仍願負責。又因湘君生馴叔時亦住該
醫院，故對於該醫院頗為信任，並先於二月廿四日進住
醫院待產。至二月廿八日午後六時二十分，即農曆壬申
正月廿三日酉時生產一個肥大男孩，計重九磅零二兩，
約七斤，大人、小人均極平安。吾人正中吃晚飯，惟仁
夫人由醫院回來報生兒喜訊，皆大歡喜。以係壬申年出
生，故取乳名申兒。

　　日軍於淞滬每戰皆北，惱羞成怒，自二月十六日
起，每日敵機不斷來蘇轟炸飛機場或空中掃射，且時聞
楊林口傳來隆隆敵人大砲聲，蘇城人心惶惶。因此惟仁
夫人偕馴叔女兒，於三月四日晨乘輪赴湖州。原擬與緯
國母子於二月十九日一同赴湖州，惟仁以湘君生產在

即，必須俟生產後再去，所以遲至今日。最不幸湘君不能同行，且於三月三日適同住院一位較重要軍官在前方抗日負傷，診治無效，為國犧牲，即在醫院大殮，用竹爆軍號參加殮禮。此時湘君正在酣睡中，忽聞暴竹聲軍號聲，從夢中驚醒，異常恐怖，從此發熱不退。繼之產門傷口發炎，痛不可止，其傷口原因係小人肥大難產，乃用手術將產門剪破少許，使大人減少痛苦。從前馴叔在該院出生時，係因醫生接生亦用此項手術，不料此次傷口炎痛延及子宮腹部，產科主任醫生施女士說是傷風不要緊，而內科醫生李光勛說由產後熱竟成嚴重肺炎。當斯時也，忽有謠言敵人將由楊林口登陸佔領蘇州城，截斷京滬線，人心更感震動，醫院職員紛紛走開，只留少數醫生看護照料病人。據醫院負責人云，如果敵人真正佔蘇州，不管病人如何，一定將病人與本院醫護人士一同用船撤退，此種負責精神令人感佩。

湘君體溫自三月五日至九日，熱度通常一百零三度或一百零四度，由傷口發炎延及腹部，繼而延及腰部、胸部，痛不可止，精神狼狽，苦不堪言。我們憂心如焚，除請求醫生用心診治外，實無他法可想。

三月十一日敵人後撤，滬戰真正停止。我家病人還是嚴重，奈何。

我們全副精神注意病人，對於小人未加注意。自湘君發熱後，小人即吃牛乳，一日看護曰：「小人不慣吃牛乳，吃後吐出，但還要吃，總是哭。」其慘可知，不得已懇求梅光曾母親白天來院臨時代乳，夜間仍吃牛乳。嗣瞞著湘君，請陳高氏（揚州人，二十歲）為乳

母。忽一日湘君向余問小人吃乳事，答曰已請乳母，湘曰人家小孩吃什麼，答曰乳母小人已六個月，可以吃牛乳。他表情不悅。湘君素來反對用乳母的，我們此次用乳母，實有不得已之苦衷也。醫院同人認為大人病重，小人留院很不相宜，乃於三月十六日將申兒移回家中，為慎重計，另請一位看護照料。

三月十四日熱度漸低，至夜十二時前有九十八度。十五日晨一時熱度忽高，因之刺激腹部等處，疼病難忍，不斷呻吟。是夜極度危險。十六日晨與梅佛庵諸兄商後事，午後病勢大減，如不反復，當可漸入佳境。十七日午後稍有反復。十八日上午病勢入於安定狀態，李醫生云情形很好。十九日晨忽起變化，又入危險狀態，但入晚精神尚佳。

三月廿日晨四時，病勢大變特變，已至最後關頭，不幸竟於上午九時零八分鐘逝世。在臨終半小時，醫生為之打針，她說慢慢打呀，等喝過開水再打，但氣喘很急，水已不能下咽。余在此時告伊曰，你的心事（指她心愛兒女及其桂林親屬）我十二分明白的，我一定負你一切責任的，你是信佛的，多念觀世音普薩。她答曰不要緊呀。此語係安慰余心耶？抑係尚覺真正不要緊耶？稍頃醫生云已絕望了，尚有十分鐘，再請叔仁叔予以最後安慰，但氣促痰響，瞠目直視，舌已僵木，含笑而逝，面目如生。書至此，其悲痛幾乎不能下筆，今日是余最悲痛之一日也。

當日（二十日）上午請在蘇州親朋顏芝卿、羅偕子、伍伯谷、曾影毫、梅佛庵、王靖候、張亞威諸先

生，及叔仁叔商辦喪事，請顏芝卿先生總其成。決定在
祇園禪寺大殮，請伍孝廉伯谷撰墓誌銘，羅孝廉俈子書
之。其墳墓工程由曾影毫先生設計，並決定安葬蘇州葑
門外安樂園。我家早已購定安樂園墓地一塊，不料湘君
先我們而去也。當日（二十日）下午六時，遺體由博習
醫院移至祇園禪寺，延僧尼晝夜念佛。

　　三月廿一日（春分）午後二時舉行小殮，更換新衣。

　　三月廿二日午後二時舉行大殮，余親捧其首下棺，
從此永離，我心痛矣，人生若夢，夫復何言。

　　湘君女士祖籍湖南省衡陽縣，出生廣西省桂林縣，
生於清戊申光緒三十四年七月初三日酉時，即西曆一九
零八年，故於中華民國二十一年三月廿日上午九時零八
分鐘，即農曆二月十四日春分前一日，享年二十有五
歲。湘君既精明且忠厚，居家勤儉，對人和藹，思慮周
密，治事周至，擅長國樂。其文字係由成都伍孝廉伯
谷教授者，伍常稱讚不已，忽而逝世，親朋聞之無不
嘆惜。

　　湘君此次逝世之總因，實死於日本小鬼侵略戰事。
因戰事蘇城動搖，醫院員工疏散，留下員工精神不定，
工作懈怠，以致醫藥缺乏，用水不潔等等，都是致病之
因。初發熱時，主任產科醫生施女士認定是傷風，不肯
移交內科醫生李光勘診治，迨余一再嚴詞交涉，始允照
辦，但已耽誤旬日之久矣。據守護湘君吳江老娘姨說，
產後問醫生可以吃什麼，施醫生答曰什麼都可吃，故吃
二碗雞蛋油炒飯，這或者亦是發熱之一原因也。親朋們
認為湘君於生產前數日進住醫院時身體強健，今之逝世

雖受滬戰影響，但施醫生亦有重大責任，主張興問罪之師。余以為人已死了，不能復活，而施醫生並非有心耽誤，故僅告博習醫院負責人予施醫以警告，而免將來耽誤其他產婦。

以此次經驗之所得，產婦應注意幾件事：

一、臨產時必須忍耐，不用性急，所謂瓜熟蒂落。

二、至不得已時始可用手術，如能順應自然，不用手術，乃為上策。蓋一次用手術，下次還要用手術。

三、用水很關重要，須以滾開水，待溫和時用，或用靠得住消毒溫和水。

四、產後最重要是避風，並須在清靜地方安心休息。

五、產後食物用漸進方式，用最易消化食品。

介石知道湘君逝世，於三月廿二日來電，促余進京。精衛同日來函，請余任安徽省政府主席（詳情另記）。余因惟仁夫人、馴叔女兒尚不知道湘君女士之噩耗，故擬先赴湖州與惟仁、馴叔見面，然後再赴南京。

三月廿三日偕梅光庾世兄赴無錫。廿四日午後二時卅分乘小輪赴湖州，晚十時抵湖州城，下榻中央旅社。

三月廿五日晨至惟仁、馴叔住處，告以湘君業已去世，惟仁悲痛萬分。據惟仁云，動身前夕與湘君見面，湘君說現在有點發熱，昨晚做夢，身陷黑坑內爬不上來，這是不祥之兆，言下流淚，當時加以安慰，萬想不到竟永遠不能見面了，更加悲痛不已。余是日赴湖州城外碧浪湖邊拜謁故友陳英士先生墓（陳係民國五年在滬被刺），又拜訪戴季陶諸位老友。

三月廿六日上午九時半，由湖州乘公共汽車赴南

京。十時半至長興縣，適介石赴杭州，彼此相遇，停車
晤談。約在南京談話，各再前進。因汽車誤點，本日不
能趕到南京，於午後五時抵江蘇溧陽縣，適與本地友人
陳人厚兄相遇，即下榻陳家，深感人厚殷殷招待（民國
元年余任南京警察總監時，人厚隨余在警廳服務）。廿
七日單雇車一輛，上午六時半出發，十一半到南京。

三月廿八日晚九時晤介石商皖事，余允出任皖主席
（詳情另記），遂即返蘇州準備湘君安葬等事宜。

四月五日（清明日）八時半湘君出殯，有五十僧人
送殯至安樂園，其他在蘇親友一律參加葬禮。上午十時
於天朗氣清間安然下葬，余默念金剛經曰：「凡所有
相，皆是虛妄。若見諸相非相，即見如來。」經文曰：
「一切有為法，如夢幻泡影，如電亦如露，應作如是
觀。」此亦不過使存歿者稍得安慰耳。

此次湘君喪事，諸承戚友協助，顏芝卿先生熱心總
其成，始終其事，尤為感謝。特於三月六日在祇園禪寺
設素席招待諸戚友，以表謝忱，並於是日午後焚化大規
模靈房，對死者聊表心意而已矣。

此次延僧誦經五週，計卅五日，在未出殯之先二週
係晝夜誦經，又在祇園晝夜撞鐘四十九日，以減少因生
產逝世者之罪惡，這都是佛教一般之道理。

此次喪事用費，計衣棺、經懺、出殯等一千七百
元、做墳水泥三百八十元、做墳工資、石料一千元，醫
院雖表示接生失敗，不收院費，但專任二位看護小姐非
常出力，特送三百元，另外雜用等等共用去三千五百
元。以我家經濟情形，支此巨款，當然吃力，以我與惟

仁夫人對湘君女士之情感，必須如此也。孔子曰：「死生有命，富貴在天」，已成大眾口頭禪，今以湘君之死，有兩件迷信預言：

一、湘君於某年請瞽者算命，瞽者曰你壽命很短，多多修心以延年，湘君頗怏怏。嗣另請瞽者，亦是如此說法，更怏怏。因此之故，我特請星相家為推命，據云現行祿堂，運書曰：「祿堂祿堂，家敗人亡」，以其八字而論，是與其本身不利云云。湘君之死豈真天命使然耶？

二、蕭紉秋（萱）夫婦一再約余訪一有神通、年將九旬之孫老先生，故於一月八日隨蕭夫婦訪此老人。據老人云，陰曆明年，即今之壬申年，余有三件大事，並有十五年好運，再連說還有五年、還有五年。蕭向老者戲語曰，他的太太有孕，是不是生兒子？答曰是的。算不算是大事？答曰他沒有兒子，當然是大事。蕭又問他，是不是他替國家負方面責任？老人曰是的。蕭再問，還有一件大事是什麼？答曰到那時候就知道了，此時不便奉告。老人耳聽不清，說話勉強，行動不靈，特別起身送我至樓梯口，握手曰，我（孫）不懂星相，是談周易的。誰都料想不到在一個月內，有申兒出世、湘君逝世、余出任皖省主席三件大事，豈不是神乎其神。姑記之，以待將來科學證明。

出任安徽省主席及省府委員人選之經過

三月二十二日介石來電促余進京，同日汪精衛（行

政院長）專人送親筆函來蘇州，原函謂：

禮卿先生惠鑒：

　　頃奉覆電，敬悉一切。二中全會規定，現役軍人不得兼任政務長官，須于最短期間次第實行，故陳雪暄（調元）須辭去皖省主席兼職。弟與介兄詳商再三，皆以為舍吾兄慨然擔任，無他人可以勝任，務懇俯念黨國，造福桑梓，萬勿辭讓。專函奉懇，如承鼎諾，當即日提出任命。至省委及廳長人選，統俟吾兄抵京面商後再定，餘不一一。專此，敬請
台安

弟汪兆銘頓首
廿一年三月二十三日

　　三月廿七日由湖州抵南京，廿八日午後往訪汪精衛，適外出。晚間接汪親筆奉函：

禮卿先生惠鑒：

　　頃歸寓，知大駕惠臨，至為歡慰。明晨九時即至中央黨部，十時至行政院，如大駕屆時涖止，至所歡企，餘俟面罄。專此，敬請
大安

弟汪兆銘拜
廿八日

　　本晚（廿八日）八時往晤介石商談，以陳調元身兼

安徽軍政兩要職，不但政治腐敗，而且剿匪軍事失利，大失民心，各方紛起反對，故中央決定將省政府予以改組。余以敬恭桑梓，理所當然，慨然允諾。至于省府委員、廳長，介石表示無人推薦，由我全權選擇。這是介石表示對我信任與尊重，然余以多年未參加實際政治，並無此項人才之準備。

三月廿九日至中央黨部參加黃花崗革命紀念典禮後，與精衛、介石在中央黨部第一會議室，商改組省府委員、廳長人選，彼此意見雖大致接近，但未得結論。余對于委員、廳長人選，採慎重態度，取人才主義，用大公無私之精神，化除本省素來地方觀念，尤其打破皖南北界線之惡習，仍以多多用本省人為原則。

本晚（廿九日）訪前浙江省主席老友張靜江（人傑）先生，談到前浙省建設廳長程振鈞（號戣甫）。余于程雖衹有一面之緣，但深知程在浙江辦理建設之成績，故擬請其擔任安徽建設廳長，靜江先生極表贊同。以時間匆促，不及電浙徵求同意，惟張、程交誼素篤，乃由張負責代表程氏予以接受。

又與張靜江先生談及教育廳長問題，適中央大學張校長乃燕（靜江先生胞姪）在旁，擬推薦該校教務長葉元龍擔任教育廳長，余曰雖不知道葉先生，既由你介紹，我可以考慮，俟見面後再決定。

次日（卅日）乃燕介紹元龍見面，接談之下，深知元龍學有專長，久在教育界服務，經驗豐富，決定提彼任教育廳長。

民政廳長擬提余深知有素的老成持重羅皆子（良

鑑）先生擔任，佶子先生學問湛深，博通古今，乃余所最佩服者。

財政廳長擬提何其鞏（克之）兄擔任，何曾任西北軍馮煥章（玉祥）秘書長。余于民十七年在北平，由馮氏介紹認識，何氏少年英俊，而且能被用人嚴謹之馮氏所提拔，必有其特長，以之任財政廳長，必能造福桑梓。

關于四位不兼廳長之省府委員人選，擬提光明甫（昇）、江彤侯（暐）二人。蓋余雖久聞其名，未見其人，而二人品學甚為各方所稱許。其餘二人擬提張鼎勛（亞威）、吳叔仁二人。鼎勛日本士官學校畢業，久歷戎行，將來擬請其幫助保安事宜，叔仁國民黨老同志，將來擬請其為黨部與省府聯絡工作。

三月三十一日上午九時到行政院，將省府委員、廳長名單交秘書長褚民誼，轉請汪院長發表。

四月二日行政院會議通過安徽省政府改組，新省府委員名單：

委員兼民政廳長羅良鑑（湖南長沙人）

委員兼財政廳長何其鞏（桐城縣人）

委員兼教育廳長葉元龍（歙縣人）

委員兼建設廳長程振鈞（婺源縣人）

委員　　　　光　昇（桐城縣人）

委員　　　　江　暐（歙縣人）

委員　　　　張鼎勛（合肥縣人）

委員　　　　吳叔仁（合肥縣人，生長懷寧縣）

秘書長　　　石國柱（全椒縣人）

　　四月九日由蘇州赴南京，同行有羅佶子、張亞威、吳叔仁、石國柱、梅光庾等。

　　四月十日上午晤蔣委員長，商談安徽軍政各事宜。余堅決表示省府不管軍事，所有省府管轄之五個步兵旅交與中央，以安徽財政困難，今後亦不再負此五旅軍餉之責，蔣意仍擬將此五旅歸省府管轄。經再三商量，其結果剿匪軍事歸中央直接指揮，安徽省五個步兵旅以四個歸中央，餉亦歸中央負擔，其餘一個旅改為安徽省保安隊，餉歸省府負擔。此乃我對安徽首先澈底實行軍民分治，減輕人民負擔初步的成功。

　　四月十一日偕各委員、廳長分別晉謁汪院長、蔣委員長。

　　四月十二、十三、十四日出席軍事委員會，召開蘇、皖、贛、浙四省主席及各廳長會議，討論剿匪軍事及各省應興應革諸事宜。

　　四月十六日上午十一時，偕羅、何、葉、程四廳長及石秘書長等乘安豐兵輪赴安慶省城。

　　四月十七日上午九時抵安慶，下榻大旅社，陳主席調元即來拜訪，余等比即回拜，並接洽交代諸事宜。當前第一個難關是財政與匪患，本擬十八日接事，因省府及所屬各廳伙食及辦公等費絲毫無著，不得不延長時日，財政已到水盡山窮之勢。當時同來委員中，羅佶子先生主張不必接事，回京罷了，張亞威等贊成此說。余曰有如此眾多人民之安徽省，我們倘因財政關係不接事，豈不是大大笑話，如果你們不願幹，就是剩我一個人，我亦要幹的，老百姓吃什麼，我亦隨著老百姓吃什

麼，我們一定可以克服這個困難，請大家多加忍耐。同
人聽我這一番話，大為和緩。陳主席晚九時來辭行，即
起程赴京，余等親到江干送行。

四月十九日向安慶上海銀行息借一萬元，分給各
廳，擬明日接事。余即於本日午後移住省府花園（舊巡
撫衙門），該花園內有新建設備齊全美麗住宅一所，值
茲水災匪禍，不免過分。

四月廿日上午九時到省府接任視事，各廳亦同時視
事。午後三時召開省府臨時會議，首先討論財政問題，
因前任積欠，各機關薪水公費數月未發，而各種稅款不
僅已收乾淨，且已寅支卯糧，弄到財政枯竭、政治不
安，這都是用省款擴充軍隊（五個步兵旅）之結果，亦
是前省府改組重大原因。

四月廿五日省府紀念週，余宣佈主皖方針，以安徽
當前內外環境，只有速謀安定，徐圖發展，故其方針有
「開誠心、佈公道、守法律、尊重民意、澄清吏治、取
銷擾民機關、肅清土匪、恢復地方秩序、整理財政、裁
撤害民苛稅、整頓學校、增加教育經費、發展交通、修
築公路江堤」等等大原則。

主皖時之吏治與人事

一、整頓各縣區公所及公安分局

過去省政府為安頓無職人員，設立各縣區公所、公
安分局，其所派人員大多是無能無聊，甚至馬弁等低級
人員。其經費由各地方自籌，擾亂地方，莫此為甚，人
民恨之切齒。這二個機關就表面看起來，是在求政治

之進步，而內容適得其反。余為肅清此等擾民人員，省府決議將此二機關予以裁撤，只留少數經費有著且有必要之公安分局，一面由民廳計劃成立真正地方人民區公所。此舉大快人心。

二、選派臨時首席縣長

以交通不便，在剿匪期間，六十個縣單位直隸省政府，確有鞭長莫及之感。故將全省分為十區，選孫發緒（桐城人，曾任山西省長）、石國柱、柯開雲、蘇宗轍、高鐵君、盛士恆、王樹功、徐沛南、王鑄人等十人為首席縣長。因過去政治既為人民所厭惡，從今後只有用素有德望的人，方足挽回人心。

三、任曹經沅為省府秘書長

因石秘書長國柱自願出任鳳陽首席縣長，故以曹經沅繼任（曹號纕蘅，四川棉竹人，十二歲考取秀才，十八歲考取拔貢，長于詩詞，有才子名，性情忠厚，辦事勤謹。余于民十七年在天津段芝泉先生家中與之初次見面，迨余任省主席時，他來函通候，有來皖幫助意。余比即電請王揖堂先生代邀，因曹在北方向隨王辦事，嗣得王復電，推薦曹即來皖，初來時聘為省府顧問，處理主席辦公室文牘，深資臂助）。

四、曹纕蘅介紹青年曾學孔、許凝生

余辦公室原以梅秘書光庚管密電，纕蘅以顧問名義管公牘，今纕蘅調秘書長，則以曾學孔任秘書管公牘

（曾號小魯，四川筠連縣人，係少年才智之士），暫派許凝生為省府科員（許合肥人，二十六歲，少年可造之才）。

五、何財政廳長突然去滬

六月十八日得何廳長留函不辭赴滬，聲言籌款，大有財政無辦法，一去不返之意。昨晚在省府聚餐時，何並未說赴滬。似此行動，于公于私都不應如此，比即由全體委員、廳長電滬挽留，一面電在滬建設廳長程發甫兄促何從速返省。六月廿日派謝遹民代表赴滬挽留，六月廿四日程廳長由滬返省報告，何廳長堅決不肯返省。七月四日省政府會議，皆以何廳長去志既堅，且來信要脅同人，對何于情于理都已盡到，無法再為維護。遂決議准何廳長病假一月，以葉教育廳長元龍暫兼財政廳長，希望何氏返省。迨何氏假滿一月後，仍無返省意，不得已只有呈請中央免去何廳長職務，葉元龍調任財政廳長，經中央核准。當時很多人批評准何辭職是對的，用葉繼任是錯的，大家認葉氏是書生，素來辦教育，不懂理財。余曰寧願用一個絕對書生辦財政，不願用一個貪汙官僚辦財政。蓋葉氏經濟專家，精于稅則，我保證他不貪汙，必能以本省人民福利為前提，整頓財政不致失敗的，就是失敗亦是心安理得。今中央既以葉繼何，一場風波安然渡過。

六、朱庭祐任安徽教育廳長

中央發表葉元龍調財政廳長後，于九月初發表朱庭

祐繼任教育廳長（朱江蘇川沙人，留學美國，習地質，
人頗誠實，余與朱素昧生平，係由教育部推薦，余表示
贊同者）。

七、建設廳長程振鈞突然病逝

八月八日「立秋日」。昨夜一時半建設廳來人報告
廳長得急病，余立即派員前往，據回報，程廳長因腦充
血，于一小時間即去世。查程氏旬日前赴滬借築路經
費，于六日（星期六）回省，午後三時來談。當時天氣
很熱，程氏面紅流汗不止，余曰今日天熱，可回去休
息，請于下星期一上午再來詳談。不料相隔很短時間，
永遠分手。余于清晨六時親往弔唁，瞻視遺容，並于上
午省府紀念週時，靜默三分鐘表示哀悼之意。程廳長係
留學英國，習土木工程，品行學問不但為吾皖人所欽
仰，亦為國家不可多得之人才。九月六日余為程氏點
主。八日上午程氏出殯，余親送江干（程原籍婺源，卜
葬無錫，留下五男三女，悽慘萬分）。

八、劉貽燕任建設廳長

程發甫廳長逝世後，所遺廳長一席謀之者眾。吳稚
暉諸先生介紹劉貽燕繼任，余雖與劉氏素昧生平，頗知
劉之為人，且劉係程發甫留英同學，感情甚篤，當能完
成程氏對皖省築路之遺志。余因向中央保薦，經中央
核准發表（劉號式庵，懷寧人，學機械）。九月六日到
省，八日到廳視事。

九、整理警察緊縮開支

安徽警察有名無實，且閒人多，開支大。茲本人人有用之精神，予以切實緊縮與訓練。先後派張本舜為省會公安局長，梅福庵蕪湖公安局長、張廷才大通公安局長、王先有長淮水上公安局長。

十、首席縣長改專員

奉中央命將十區首席縣長制改為十區行政督察專員制，發表高鐵君、周君南、王樹功、盛士恆、向刀祺、席楚霖、沈鵬、羅經猷、劉秉粹、徐沛南十人為專員。十一月十四日省府召集各單位主管、省府各廳委員、各區行政督察專員舉行聯席會議，決定以肅清土匪、安撫百姓為唯一工作對象。

十一、成立甄審縣長委員會

查縣長乃親民之官，稍一不慎，影響實大，安徽多年以來，縣長僅做到敷衍各方人士，應酬達官要津，雖其中優秀者固不乏人，而不學無術、無資歷、無人格者不知凡幾。為挽回政治惡習，改良風氣，必須從甄審縣長著手，所以成立此會，確定縣長標準，公開甄審及格者予以縣長登記，遇缺量才任用。此種辦法既可使吏治進步，復可免無資格僥倖之干求，更可減少很多無味人事之麻煩。茲以歷時已久，新換之縣長記不清楚，尚有一部份可回憶者，計有休甯縣長王鳴義、銅陵縣長舒傳栻、黟縣縣長趙華三、太和縣長張則民、靈璧縣長王肖山、婺源縣長劉炎秋、浦縣長夏邦粹、定遠縣長高子

培、含山縣長張翰英、歙縣縣長石國柱（原任鳳陽首席
縣長）、鳳陽縣長袁興周、涇縣縣長葉粹武、亳縣縣長
譚聲丙、來安縣長張企留、霍邱縣長向遵臣、和縣縣長
張立仁、蒙城縣長徐世欽、天長縣長常振穎、宿縣縣長
高尚忠、穎上縣長張鼎家、五河縣長張仲權、甯國縣長
陳同楨、旌德縣長韓經芳、太平縣長劉篤培。

十二、新設嘉山縣

　　該處地當衝要，其地理環境實有設縣之必要，派李
蔚堂為籌備設縣專員。至十月十一日省府決議正式成立
縣治，即以李蔚堂為首任嘉山縣長。

十三、新設立煌縣

　　九月廿一日衛立煌所部克復皖西金家寨赤匪老巢，
中央以紀念衛氏戰功，乃將金家寨改為立煌縣。衛係我
的老部下，有此戰功，余有榮焉。嗣政府將新立煌縣
劃歸河南省管轄，余堅決反對，要求歸還安徽。其理
由：立煌縣出產茶葉等等，有關安徽經濟，尤以立煌縣
在軍事方面說，乃皖西戰略要地，皖西門戶得失有關皖
中安危，且金家寨向屬安徽，人民習慣已久，須知古人
對于省縣劃界係根據政治、經濟、軍事、風俗習慣詳細
研究，不是隨便可以更改的。經再三交涉，政府始允交
內政部、軍事委員會派員，會同豫、皖兩省政府實地考
察，經數月糾纏，最後的結果是立煌縣仍歸安徽省。

主皖時保安處之成立

一、安徽原有保安訓練處，八月九日經省府會議，將該
　　訓練處改為保安處，以省府委員張鼎勘兼處長、徐
　　中岳為副處長，嗣又以蔡丙炎為參謀長（徐、蔡均
　　本省人，黃浦軍校第一期畢業），處內除分科外，
　　並設視察員十員。迨張鼎勘辭兼處長職，即以蔡丙
　　炎繼任處長。

二、取消安徽省警備旅司令部，以節省開支，且亦無
　　設旅部之必要，所屬部隊交保安處接管，其祖心齋
　　團改為保安第一團，倪榮仙團改為保安第二團，被
　　取銷之李旅長晏清及嚴代理旅長武分別聘為省府顧
　　問、參議等職。

三、各縣土匪紛起，只有積極整頓各縣保安團隊，使地
　　方有自衛能力，補助國軍之不及，以免國軍來則匪
　　去，國軍去則匪來，疲于奔命之苦。

四、改組長淮、巢湖兩水上公安局。省府會議以長淮、
　　巢湖為土匪策源地，出沒無常，即將該兩水上公安
　　局改為水上公安隊，集中訓練，集中使用，暫歸保
　　安處指揮剿匪。

主皖時之剿匪

　　安徽乃四戰之地，在歷史上保障江淮，控制魯豫，
地位十分重要。赤匪以皖西重山峻嶺之金家寨為根據，
利用大別山脈擾亂豫、鄂、皖，中央調軍剿辦已三年之
久，同時皖南黃山附近亦時有匪警，亦應予以積極佈
置，以防不虞。

五月八日陳調元、王均兩軍在六安剿匪失敗，陳軍紛紛潰退，舒城等縣告急。

五月十一日陳、王兩軍失敗，損失甚巨，六安、霍邱兩縣匪勢更猖獗，合肥縣吃緊，皖北人心動搖。

五月十二日中央來電，即派軍隊增援合肥，鞏固安慶。

五月十三日正陽關失守，壽縣告急，沿淮河各地大感不安。

五月十六日中央派獨立第卅三旅唐雲山所部來安慶集中。

五月十七日中央派第一師胡宗南所部來皖增防，將圍剿霍邱、六安、霍山、英山一帶赤匪，五月十九日該師副師長彭敬之到省磋商，該師暫開桐城集中，再向前推進。

六月十三日連日太湖縣、宿松縣都告急。

七月十六日中央軍克復霍邱縣。

七月十七日中央派第廿五路軍梁冠英所部移駐合肥、六安一帶，該路兵力雄厚，剿匪軍事更加穩固，梁部原屬西北軍馮玉祥所部，素有能戰名。

八月廿七日警備團在桐城、舒城間之湯池地方與匪接戰失利，桐城縣長受傷。

八月廿九日連日土匪擾亂舒城、合肥、廬江一帶，所過村莊市鎮洗劫一空，迭與唐旅長雲山等商討進剿，立即派隊增援桐城，以固省防。

九月一日中央令獨立第卅三旅唐旅長雲山所部歸省府直接指揮，擔任舒城一帶剿匪事宜，省府守衛亦歸該

旅負責，憲兵團調回南京（余來皖時，軍隊都在外剿匪，省城空虛。蔣委員長派軍官學校教導總隊，由總隊長張履和率領來省為省府守衛，並警備省垣。嗣後總隊調防蕪湖，改派憲兵團來省接防，茲因中央憲兵不敷分配，特調回京。蔣委員長注意省府安全，實深感佩）。

九月三日清晨，唐旅長雲山出發桐城指揮軍事，不數日桐城、廬江間土匪回竄舒城西北之山南關老巢。

九月廿一日衛立煌克復赤匪根據地金家寨，同時河南方面劉峙所率各部亦先後大捷。兩方勝利，赤匪決難立足于豫、皖。

十月十一日由金家寨竄出之散匪數千人已至太湖縣附近，而潛山縣之水吼嶺鎮西面，亦有竄來散匪。

十一月初旬，休甯縣長王鳴義剿匪陣亡。王君乃少年有為之士，在中華革命黨時期隨余革命，異常努力，忽聞凶耗，非常悲憤。

省政府因赤匪老巢金家寨既經克復，殘匪到處逃竄，擾亂地方，今後肅清殘匪，安撫流亡，乃省府唯一之責任。當時決定四項計劃：

一、請中央軍隊扼要駐紮，嚴加堵截。

二、省政府以獨立第卅三旅及省保安團隊組織三百人、五百人，乃至最大團為單位之追剿部隊，分頭窮追，不予殘匪停留片刻休息的時間，這是追剿土匪唯一良策。

三、封鎖大江兩岸，不准渡江與皖南土匪相會合。

四、設立匪區善後委員會，辦理一切善後事宜。

以上四項計劃，果能切實做到，全省匪患必空，可

以澄清。這個計劃為各方面一致贊同，分頭推進，其中經過多次戰事，至本年底宣告全省土匪肅清。余深感將士用命、官吏盡責，可為安徽全省同胞慶。

主皖時之財政

安徽人民受天災人禍，流離失所，求生無路，求死不能。在此種情況下，只有替人民積極減輕負擔，裁去苛捐雜稅，就是省政府因財政影響失敗亦是在所不惜。如財政不能澄清，連帶政治亦不能澄清。余第一個聲明，今後稅收人員統歸財政廳負責，依法任免，主席決不干涉。過去稅收人員統由主席手諭財廳辦理者。

六月十一日成立財政討論委員會，檢討財政之興革。經多次開會研究，認為財政既如此貧困，而病民稅收不能不裁，只有自立更生，決定五項原則有：

一、迅速取銷皖省鴉片稅及鹽附加稅。

二、特種營業稅害民已久，應予取銷。

三、整理出境米照捐，暫作為建設經費。

四、確立預算，緊縮開支，以達收支平衡之目的。

五、仍應向中央請求補助。

一、取銷煙稅、鹽附加稅

滿清自雅片煙戰爭後，國勢日危。民國成立，內戰不已，煙禍橫流，如洪水猛獸。國民政府成立，組織禁煙委員會，分期禁絕，該會為寓禁于徵，特設統一機關與各省府聯合辦理，而安徽則自行辦理，未歸統一，並加徵全省鹽斤附加稅，人民叫苦連天。余向來反對雅

片煙，在到省之先，特向中央申請省政府不參加徵收煙稅，統歸中央辦理，以表示無染指之意。新省府成立後，此兩稅仍由陳前主席以安徽軍事首長名義管理，余派民政廳羅佶子、省委張鼎勛赴合肥晤陳前主席，經十日之商談，陳允稍緩時日，先取銷煙稅，然後將鹽附加稅交省府接辦，但須補助陳部軍費之不足。嗣軍事委員會嚴令陳氏取銷，陳只得服從遵辦，更以陳氏軍事迭次失敗，調離安徽。這是陳氏因自籌軍餉，擴充軍隊，影響政治，殊為不智。余與陳氏交誼有素，亦為之可惜。至六月底，省府下令將煙、鹽兩稅取銷，及其他為軍餉而設之苛雜一律取銷。這是余主皖第一次裁去苛稅之成功。

二、取銷特種營業稅

此稅之歷史在滿清洪楊時，因軍餉不足，于各省設卡徵收百物過路稅，名為釐金，病民太甚，清末亦有加稅免釐之唱議。民國以來，南北軍閥認為利之所在，不但不裁，而且自為風氣，更改稅章，加重徵收。國民政府成立，決心裁撤，雷厲風行，而安徽迄未奉行。過去安徽對于此稅人事因爭之者眾，更甚于爭縣長者，除省當局把持若干優缺外，其餘以缺之優劣敷衍大小權勢與搗亂份子，完全是分贓集團，貪汙無恥，很影響政治之不安。余決心除此歷史毒瘤，遂于七月十二日省府會議取銷，大快人心。這是第二次裁去苛稅之成功。

三、米照捐先整理後取銷之經過

查米照捐之歷史，亦係滿清釐金之一種，名為大勝關米釐，就是糧食出境徵過路捐。此捐比較簡單，收入最大，一向視為肥缺，滿清時用紅牌府道資格人員經辦，此捐民國以來歷任皖省當局多用親信的人辦理。余既于短期內裁去數種苛稅，此等米捐亦係在計劃裁撤之列，祇因財政枯竭，建設經費無從籌措，中央乃指定此項米捐為本省築路經費，故暫時予以保留。省府為剔除中飽，修改大勝關米捐章程，故得增收二百萬元，而人民並未增加負擔。其他蚌埠、蕪湖兩局尚不在內，過去其中黑暗可以想見。復因各方爭取該捐不遺餘力，省府表示大公無私之精神，乃組織糧食出境管理委員會，聘請本省公正人士李應生（運啟）、盧仲農、李幼泉等十一人為委員，以李應生為主任委員，並派省府委員江彤侯常住蕪湖，負責協助。不料李等不僅爭取不得，反被人們要求裁撤米捐，利用王亞樵等聲言決不完稅，武力闖關，用種種威脅方法。同時在省外有資望鄉邦人士均支持王等，京滬兩同鄉會亦從旁推波助瀾，因此反對風潮、闖關謠言日甚一日，辦稅人員大感不安。中央即派張履和為蕪湖警備司令，取締米捐風潮，余亦宣稱一俟築路經費有著，即行撤除，風潮始漸平息。余主皖不數月，省內外同鄉應該精誠團結，協助省府渡過困難，此次風潮雖經平息，使余大大灰心。迨與中央一再請求補助築路經費，中央允許補助一部份，其他由本省自籌，爰于十二月初旬省府會議通過取銷米照捐。這是第三次裁去苛捐之成功。

四、確立預算緊縮開支

查過去預算是有名無實，不夠支出，臨時則巧立名目向人民搜括，雖然如此，所列預算仍不敷甚巨。吾人到皖，一面儘量裁去苛雜，一面確立預算，是一件很難的事，只有從積極整理正當收入與裁減人員入手。自省府視事伊始，即通令所屬注意一切緊縮及停辦新事件。至十月上旬，省府開預算會議，已自一千六百萬減至一千三百萬，但必須再減三百萬至四百萬元至九百萬元，方可勉強收支平衡。現在雖各機關都感困難，不得已惟有繼續裁員緊縮。但被裁人員生活大感問題，省府在可能範圍予以幫助，或助其返鄉，或助其在社會上另謀生活，此乃確立預算之大概情形也。葉廳長元龍理財有方，熱心愛鄉，余深感佩，過去批評余用書生辦財政為不當者，今者可以說大大的成功了。

五、請中央補助

過去省府欠薪尚未發清，而新省府成立三月，並無收入，全靠向銀行借貸維持伙食與辦公費。無怪羅佶子先生到省後，擬不就職，有即回京之主張。余親自到京兩次請求補助，毫無結果。以安徽連年災害，人民水深火熱，值此剿匪善後之際，中央應予以若干之補助，在中央不費吹灰之力，而安徽受賜無窮。余主皖最傷腦筋是財政，其情形既如上述，主皖前途可以預測。

主皖時之教育

財政困難當然影響教育。余接事伊始，即遇到教育

界索薪風潮，迭次請願，甚至于六月六日包圍財政廳不肯回去，實在不成體統。蓋請發欠薪是當然的，而財廳無款是事實，應該大家加以原諒。六月八日為端陽節，幸而財政廳由滬銀行界息借二十萬元電匯到省，先以大部份發給教育界，其餘分發各機關勉強渡過節關，風潮始漸平息。余最感痛心者，前任欠發經費，新任早已承認負責發清，為何在前任不請願，新任一到即要脅。是否前任非皖人治皖，以軍為主，新任皖人治皖，以民為主之故也。財政艱窘，當然不能即時擴充教育，何況皖北匪災區域，各學校經已破壞不堪，而學生亦多散去，惟有從速恢復與整理，以及籌款發欠薪，一面在新預算中儘量增加教育經費，一面由教育廳研究計劃。余並分別視察各學校，召集省運動會，以期全省教育意志之統一，這是對于教育消極治標的辦法。

主皖時之建設
一、修舊路築新路

查原有公路年久失修，橋樑多破壞，車輛多散失，故須積極整理趕築京蕪公路，一面築皖南公路，其經費由中央補助一部份，餘由本省自籌。其路線由蕪湖起，經宣城、寧國、績溪、歙縣、休寧、祁門至江西之景德鎮，此為皖南路線。另修支線經廣德至浙江之泗安縣，均限期完成，如此則皖、浙、贛三省交通連成一氣。

二、修築江堤

本省原來沿江堤岸大都因陋就簡不堅固，昨年大

水，江堤俱毀，造成歷史上大水災。美國發麥麵等物資救濟災民，組織救濟水災委員會，以工代振，修建江堤。關于安徽一段組織，振工局以裴益祥為總工程師，自昨年秋開始工作，今年春更加積極。余特于五月中旬偕民政、建設兩廳長及工程師人等視察江堤工程，計到馬家窩、廣濟圩、棕陽、喻家樓、掃帚溝、桂家壩、永豐圩、六百丈、戴家龍潭等處，其工程之浩大，工事之堅實，甚為滿意。

十一月卅日救濟水災委員會組織以工代振建築江堤視察團到皖視察，其團員中有聞蘭亭、李祖紳、伍連德及美國代表白朗等四十餘人。晚八時到安慶省府舉行盛大歡迎會，由裴局長益祥報告築堤經過，余致歡迎詞。

江堤既已竣工，振工局取銷，組織水利機關保護江堤，另計劃本省其他水利工程，即以裴益祥為水利局長。

三、修築省城馬路

查安慶道路既狹窄且灣曲，仍是舊時代之道路，只能勉強行人力車。余決定興修新式汽車路，計由江邊起修一條寬而且直新路，貫穿城內，經過省府，為市內幹線。另修支線，並將江邊數家小茅草屋拆去，沿江邊修一寬大遊覽路，因此等茅草屋有礙交通，且有礙觀瞻。這個計劃公佈後，必須拆去一部份房屋，人民紛起反對。余答復曰：沿長江各省比較重要城市，不但早已修新式道路，並且有其他新市政之建設，我們安慶既為省會所在地，而道路腐化，違反時代，實在是我們的恥

辱，我自任主席以來，遇事尊重人民意見，這件修路的計劃，人民要尊重主席的意見。嗣經社會人士向劉建設廳長一再要求，其結果江邊茅屋保留，路線仍由灣曲街道略予放寬，勉強通行汽車。這個將就計劃，不能成為新市政之標準，良可惜也。

為皖事六次往來南京漢口與廬山之間

五月二十二日到南京，六月七日回抵安慶，七月六日到漢口，十日回抵安慶，八月十三日到漢口，十五日轉赴廬山，八月廿三日回抵安慶，九月廿八日到廬山，十月四日回抵安慶，十二月四日到漢口，十二月八日回抵安慶，十二月九日赴南京。

到省數月，終日鬧窮，苛捐雜稅必須裁，計劃新稅不能辦，其他菸酒等稅又屬于中央，而人事之糾紛更甚，所以六次離省，奔走各方，一再請求中央協助無結果。因蔣委員長常駐漢口、廬山指揮剿匪軍事，故余數次往晤，一面請蔣促中央協助皖財政，一面與蔣交換一般時局之意見。蔣是很幫忙皖省府，但中央只有對于皖南築路經費擔任一部份。在這種情形之下，決定辭去省主席，羅、葉兩廳長及張、吳諸委員一致贊同，乃于十二月十八日向行政院正式上辭呈。十二月二十四日行政院來電慰留中有「政聲遠播，望實交推」，再上兩次辭呈，仍未邀允准。蔣委員長亦來電，堅促返皖，並託陳果夫函勸勿辭。財政部亦允予財政之補助，似可勉渡年關。但余深感皖政環境叢脞，去志已堅，此亦不過時間問題耳。余因往來京、潯之便，得乘間遊覽九華山、

廬山諸名勝，此誠不易遇到良好機緣。

記往秋浦許靜仁（世英）先生故里弔其封翁之喪

　　十月廿九日上午七時卅分，偕曾秘書小魯乘安平小
輪上駛，兩岸烏桕初丹，歷歷在目。午後三時到望江
縣，縣長戴曾錫出迎，地方民俗尚稱淳厚，古蹟有王祥
臥冰處，有雷池。所謂雷池者即望江、太湖之間之湖泊
也。在縣府及黨部略事參觀，即上船續駛，至旁晚抵華
陽住宿。

　　十月卅日晨四時起身，舟即開行，過香江抵香口，
天猶未明。舍舟登岸，肩輿行過小渡十五里，至下隅
鎮，鄉人備早餐。過兆吉嶺上下約十里，道路崎嶇，坡
勢陡峻，改步行。午後二時抵靜仁先生珂里，因入奠其
封翁玉堂老先生之靈。玉老年八十，忠厚傳家，里人稱
贊，靜仁先生時在家讀禮，為備午餐，多係園圃中自種
之素菜。三時半辭赴秋浦縣，計五十里，至晚九時半抵
縣城。

　　十月卅一日五時起身，先遊梅公亭，又名半山亭，
再上有來音亭。登斯亭也，全城在望，山形秀麗，幽靜
可愛，遠望城外周玉山老先生住宅，氣勢雄偉，所以能
出此偉人。再至孔廟，此廟係玉山老先生所建築，規
模宏壯。旋即視察監獄，親入訓話，十時餘出城，在北
門外向保安隊及男女學生訓話後，即輿行。于午後一時
四十分抵東流縣之五里亭，視察教育廳公有之林場，東
流縣長張昌麟偕士紳遠道來迎，遂陪同伊等步行入城，
時已二時半矣。三時午飯後，視察新監獄建築之工程及

教育局、小學校、縣黨部、縣商會等。五時半出城登輪，八時抵省城時已萬家燈火矣。

記文叔姪母親董夫人逝世

十一月廿一日文叔姪來電，伊母于本日（廿一日）未時在合肥逝世，聞耗哀悼殊深。文叔母姓董，係余三先兄填房嫂。余前三嫂姓龔，係合肥城內龔養文之女，大約在余十四歲時，龔嫂在龔府去世，當時余三先兄出外未歸，余與大先兄進城將靈柩搬回鄉下，浮厝戴小郢，迄今尚未安葬。余特囑文叔姪將來必須與伊父合葬一處，文叔深以余言為然。龔嫂係讀書有禮女子，臨終時已懷孕數月，情形十分悲慘。

記青年天幹、天植諸姪等來皖服務

天幹、天植及表姪張國書、世姪梅光庾等雖都在大學畢業，但經驗學術究屬膚淺，故余堅決主張他們應受基本訓練，從低級職員做起，乃以吳天幹任建設廳科員、吳天植任民政廳科員、張國書任省政府科員，惟世姪梅光庾為父親梅佛庵老友一再請求以光裕任省政府薦任秘書，不得已只好允如所請，這對光庾錯過低級訓練，不免吃虧耳。又道叔姪習陸軍，和俊、文叔、敬叔諸姪及振宗姪孫等正在學校讀書，本年暑假齊來省城，余乘此機會特別加以訓示，勉以努力求學，孝忠黨國，並期望多學自然科學，在個人謀生較易，而國家工業建設亦正所需要也。

本年結論

論內政，此一年國家不統一，仍如過去各方意見紛歧，人民顛沛流離。論外交，自一二八淞滬戰役後，日軍繼續犯熱河等處，威脅華北，儘于九月間承認偽滿州國。總而言之，內憂外患相逼而來。論皖政任事八月，其工作情形已在上項各部門說明。論私事，最痛心羅女士湘君逝世，最歡喜四十九歲生兒子，真正悲喜交集。

1933 年（民國 22 年） 50 歲

段芝泉先生為避是非，由津南下

查日本對華政策素以侵略為目的，分化為手段，就是某一派在朝，他必幫助另一派反對在朝者。例如滿清及袁世凱當權時，日本則幫助在野革命黨反對之。迨國民黨北伐完成，統一國家，逐漸收回外人在華特權，向維新道路邁進時，日人感覺不安，要妨害中國維新，必須在維新之前確定日本在華之地位與權利。自濟南慘案後，到處搗亂，最後拿出真面目，發動九一八戰事，組織偽滿洲國，立宣統為偽皇帝，仍以為未足，擬再在華北組織一個偽政權，其首領以舊北洋派中最有聲望段芝泉（祺瑞）先生為最相宜，所以多方運用。段先生不為所動，有南下避是非、明心跡之意，囑王揖唐來電說明南下真意，詢余意見。余遂即問蔣委員長曰：「段先生確有南來意，是否誠意歡迎？」蔣答曰：「是誠意，請你去電促駕。」段先生得余轉述蔣先生歡迎電後，旋于一月二十日由津專車南下，過南京時拜謁總理孫先生陵墓，轉赴上海居住。一月二十七日（陰曆正初二日）段先生向余表示曰：「擁護民國始終如一，日人侵華絕對反對，幫助介石理所當然。」段先生如此磊落光明，令人欽佩。段先生此次南下，其遠因係民國十七年北伐軍抵定北平時，余代表蔣先生到天津慰問段先生，這就是當時中央採納余言尊重段先生之主張，收今日之成果。倘當時好事之徒予段先生無禮之難堪，則今日不知如何情景也。三月四日（即陰曆二月初九日）段先生七十誕

辰，各方紛往祝壽，頗極一時之盛。

辭皖主席，中央批准

　　在安徽不景氣之際，余主持省政非常艱苦，經陸續將土匪剿平，三個月全省無報匪案，地方秩序完全恢復，又在財政極度乾枯之際，盡量將苛捐雜稅一律裁去，預算由一千六百萬減至九百萬，尤能在建設方面興修省市、京蕪、皖南各公路。似此情形，為何辭職，其理由有：

一、人事糾紛

　　這是過去歷史養成。原來本省人在清季多在外省服官，民國以來漸漸返省，又因革命產生一批新的政治人物，優秀者固不乏人，大多起于市井，不學無術，自命革命有功，既不能令，又不受命，靠定安徽吃飯。這種人超出情理法以外，實在令人輕重不得。余自到任以來，可以說無一日不與此等人周旋。余亦係革命者，當然盡量設法位置，然終不能滿其欲望，如朱雁秋、杜墨林等等，遇事生風，無理取鬧。余告朱等曰：我做安徽主席，你們怎麼樣吵鬧是無問題的，將來他人任主席，不是這樣了。在這種情形之下，實在令人忍無可忍，非辦人不足以挽頹風。緣余在四十一歲（民國十一年）時，自廣東離開軍職，即決心不再統兵，更不再幹以殺戮為務之軍事。這是余一種覺悟與心願，尤不願在家鄉開殺戒，結地方不世仇。

二、凡事無財莫舉

自財政整理後，只能勉強維持現狀，中央決不能進一步幫助，但吾人不願吃飯無事做、無表現，愧對人民。

三、同人中如羅廳長良鑑、葉廳長元龍、張委員鼎勛等，都認為應做的事都已做過了，已為家鄉政治立一良好基礎，如戀棧不去，必無結果，力主辭職讓賢，保留皖人好感為將來報答皖人之餘地。

余于四月廿六日到南昌晤蔣委員長，表示辭職，蔣堅決挽留余。復連日與蔣晤面，一再說明理由，深得蔣之諒解，最後蔣表示辭職事要與行政院汪院長磋商，你還是不要辭職。這兩句話是蔣扣緩余辭職之一種方法，亦可說是有准辭之意。余即以此為真，于五月一日回安慶轉南京謁汪院長精衛，告以蔣委員長允余離皖。汪慰留，余向汪表示，無論如何，非辭不可。當即上正式辭呈，並託行政院政務處長彭學沛等從旁促成此事。至五月十六日行政會議通過，准余辭職，以劉振華繼任安徽省主席。劉于五月三十日到安慶接任，余除將各機關薪俸發清外，並將未徵齊之稅款及現款十餘萬元移交新任劉主席，較之余到皖時三個月借債度日，不可同年而語也。余係昨年四月廿日接任，至今一年，得以平安交代，真正不易，不得不感謝諸同人努力之收獲也。

撤換蕪湖行政督察專員

蕪湖專員高壽恆（號鐵君，合肥人）與余未見過面，但余久聞其人精通國學，從政多年，由張鼎勛介紹

從縣長調任專員。不料該員恃才驕傲，目空一切，對于
省府時相牴觸，竟于去年冬未報省府核准，築蕪湖國防
工事，迨築成後來電索款。省府批令擬具正式報銷，並
將工程情形一併具報。該員來電大發脾氣，痛斥省府實
在豈有此理，即如最和平的曹秘書長纕蘅亦氣到忍無可
忍。余告纕蘅曰，我一定撤換該專員職，那怕明天不做
主席，今天都要撤換他。所以在余尚未批准辭職之先，
呈請政府以該專員遇事自為風氣，性情諸多偏執，即請
撤換，以王鑄仁繼任蕪湖專員。余雖已在辭職中，但應
該做的事還是要做的，毫不存敷衍主義，這是黨人與官
僚精神不同的分別。不過此乃公事之立場使然，至在私
人方面，余對高仍甚尊重。彼大概係受古人所謂「不臣
天子、不友諸侯」舊訓之習染，故在余之內心，對彼仍
極原諒。

辭南昌行營參謀長就行營總參議

　　南昌來電約余為行營參謀長，其動機為對內對外之
應付，緣對內可以為參謀長者巨頭太多，不相上下，對
外正在剿匪，用以和緩西南。余以離軍職已久，且亦無
心于軍事，復與張伯璇、王季文等研討西南合作諸問
題，亦屬渺茫，故與南昌往返電商謙辭，改任行營總參
議，余復電接受。

謀團結，應蔣委員長約赴南昌再赴廣東

　　以現在形勢，中日已在華北簽定華北停戰協定，似
可苟安一時，專心剿匪。但謠言閩、粵、桂將組織國防

委員會，雲、貴亦將參加，所以蔣委員長約余赴南昌面商。余于六月六日偕葉元龍、梅光庚由南京乘輪西上，七日夜十二時抵九江，八日午抵南昌，計住九日。在此期間，迭與蔣委員長晤談西南團結，余力主羅致各方人才，改組政府，一致對外。蔣深以為然，囑余即赴西南，與彼等磋商。

六月十七日余離南昌東返，十九日上午抵南京轉車回蘇州。

六月廿六日李德鄰（宗仁）來電歡迎余赴粵，並說如行期確定，彼（李）到香港等候。

七月二日上海警備司令戴戟來蘇州訪問，余切託戴司令疏通現駐福建陳銘樞所部第十九路軍共赴國難，戴允轉達，因戴係陳之體系。

七月五日偕葉元龍乘興昌公司加拿大皇后輪，于上午七時開赴香港。六日風平浪靜。七日上午六時抵九龍，張任民、王季文、張震歐等碼頭迎接，旋即過海住告羅士打酒店。李德鄰已先期到港，即于十時來訪，暢談甚快，允協助團結。余在港住二星期之久，李德鄰不時過訪，或暢論國事，或陪同遊覽、聚餐，如此熱心，公私感佩。

七月九日渤海艦隊之海沂、海琛、肇和南下，本日駛入黃浦，歸西南政務會改編，尚有楚豫、永翔、江利三艦繼續南下。因此等海軍南來，增強西南形勢，影響時局，使余對彼等說話更加困難。

七月九日午後三時晤胡展堂（漢民），交換時局意見。胡態度倔強，表示蔣介石必須下野，然後再談其

他，余答曰離題太遠，無結果不歡而散。

七月十日午後，李德鄰陪余訪陳銘樞（真如）、李濟琛（任潮），交換時局之意見與團結救國之主張，經二小時之談話，不得要領而散。

七月十四日與王季文等詳細檢討，以香港各方接洽情形都不甚佳，專待與陳濟棠一談廣西之行，擬即作罷。

七月十九日李德鄰陪余赴廣州，于午後十時乘泰山輪，于二十日晨六時抵廣州，比即分頭與各方見面，多持高論，毫無實際。

七月廿一日午後五時，李德鄰陪余訪陳濟棠（伯南），討論安定時局。陳無具體主張，強調當前建設廣東重要之情形，大有不問外事之態度。即在陳處晚餐。

七月廿二日余決定即日赴港返滬，本日午後四時到李德鄰家作最後之磋商。德鄰表示廣西決定建設，決不與聞外事，這是我（李）對禮卿兄真實的話，請轉蔣委員長，一切放心，但必須修明政治云云。即在李家晚飯，至八時方散。

七月廿三日偕王季文、葉元龍乘上午八時火車回香港。季文在車中與我談自修方法，有靜以修身、敬以臨事、誠以接物、恕以待人。余答曰此次南來謀團結，雖未達到具體化，但各方情形，我已切實了解，至於個人最大收獲就是你方纔所說自修四大原則，余當作座右銘，謝謝你。彼此大笑。

七月廿四日，余亟將離港，因胡展堂係老朋友、老同志，不管他態度如何，我應作最大努力，故于本日上

午十一時再訪胡，勸胡以黨國為重，團結救國。胡對我個人表示非常客氣，但說到介石，不能諒解。仍無結果而散。

七月廿六日起程返滬，乘昌興公司俄羅斯皇后號，于午後七時開輪，元龍同行。廿七日風平浪靜，惟天氣太熱，很不舒適。廿八日午後七時抵滬。

七月卅一日起程赴牯嶺晤蔣，結束港粵之行。本日上午十時偕梅光庚由南京乘輪西上，八月二日午後二時到九江，于六時抵牯嶺。

八月三日蔣先生約午飯，飯後報告港粵情形，以現在廣東、廣西情形，似覺沒有變化，仍要不時與之聯絡，期其進一步合作。惟胡展堂態度倔強，陳銘樞對中央亦不滿意，必須設法疏解，以免發生事端。

八月十三日起程回蘇州，上午七時下山，十二時乘輪東下。此次在牯嶺旬日，時間空閒，除遊覽風景外，並與在山避暑諸要人時相往還，都對時局不樂觀。如行政院長汪精衛向我說，時局問題還多，禮卿先生要多多努力云云。

八月十四日上午十一時到下關轉車回蘇州，此次先後奔走兩月餘，與我向來一貫主張團結內部、統一國家大方案距離太遠了。

天幹姪在安慶病逝

余于七月廿九日上午由香港回抵蘇州寓所。午後得安慶來電，天幹姪病重，卅日安慶又來電，天幹今晨五時病逝。如晴天霹靂，痛惜殊深，立即電請南京吳叔仁

先生亟赴安慶辦理天幹後事，並將棺柩送回合肥故里。
天幹出外讀書一切由余負責，自從高中畢業後考入浙江
大學農學院，畢業後隨余到安慶，在建設廳任科員，不
久調任該廳技士。方期蒸蒸日上，服務社會，為何蒼天
不佑，竟使短命乃爾。余長兄孟藻有六子二女，天幹係
其第四子，其長子和濟、次子和衷、三子和仁，讀書均
無成就，惟有天幹讀書成功，且國文尤佳。其五子道叔
尚在軍官學校讀書，六子敬叔及二女均在中學讀書，今
天幹青年棄世，乃吳氏門中最大不幸，亦是余少一個幫
助。至患病經過，據云先患痢疾，請某醫診治無效，改
請某醫診治亦無效，熱度很高，再請原來某醫診治，則
無藥可醫矣。最後證明係痢疾傷寒，果當時有好的醫
藥，何致失敗如此耶？

陳銘樞、李濟琛在福州宣佈獨立，余應蔣約赴蒲城

　　查銘樞所部第十九路軍原來駐防淞滬，在去年一月
二十八日夜，日本海軍陸戰隊向十九路軍攻擊，該軍予
以猛烈反擊，此乃世界聞名一二八之中日淞滬戰役，亦
是日軍侵華第一次遭遇抵抗。第十九路軍深得中外人
士之贊揚，迨戰事結束後，第十九路軍調往福建駐防。
該軍自恃功高，不免驕傲，對于中央聲聲不滿，中央加
以容忍，竭力勸導。余于本年七月在香港時已與陳銘樞
（真如）、李濟琛（潤潮）商談，亦無結果，彼等竟于
十一月廿二日在福建宣佈獨立，成立人民革命政府，在
政府之上成立人民革命大同盟會，主張計口授田，改用
上藍下紅，中嵌黃色五星為旗徽，湊合社會民主黨、第

三黨、國家主義派之份子改組成一黨，名生產黨。

十一月廿六日福建建設廳長孫希文來訪，據云不贊成陳、李之獨立，辭職來蘇州居住，並云彼等無成功希望。

十二月四日李德鄰來電約余赴廣西面商一切。余將此電轉告蔣委員長，蔣委員長復電主張聯桂，約余到南昌面商。余亟電李德鄰，告以將有南昌之行，詢問有無政治意見。李德鄰復電提出改革政治意見，「實行三民主義，改變制度，容納各方意見，改組政府。」

十二月廿六日上午六時由南京乘輪西上，廿八日抵南昌，蔣委員長已赴福建之蒲城縣督師，遂即去電，得復電約余赴蒲城。

十二月卅日上午到飛機場，因連日贛閩間天氣惡劣，不能起飛，遂返城內。

十二月卅一日清晨再到機場，仍不能起飛。至中午十二時雖然勉強可起飛，但仍是滿天雲霧，所乘係一架戰鬥機，駕駛員張君（山東人）向余曰吳先生不要怕。余曰我是外行，一切聽你。遂即起飛，浩浩蕩蕩，雲霧茫茫，過撫州後遍地雲海，面對遠處可以眼見之一坐山尖，飛行假如無此目標，則進退都成問題。據張駕駛云，此山尖即是武夷山峰。飛過山尖後，天朗氣清，張駕駛員技術高明可佩，于午後二時十分安達蒲城降落。下機後先後與蔣委員長兩次晤談，討論當前軍事政治。其結論：

一、以現在雙方佈置，十九路軍居于劣勢，判斷在兩星期內外，可在古田附近一次會戰，十九路軍將被中

央軍擊敗。如沿海撤退，中央軍海上登陸截擊，該
軍可全部繳械，如早由龍岩一帶撤退，可以一半退
到粵邊，歸廣東收編。

二、在政治方面，李德鄰已一再表示廣西謀內部建設，
不問外事，閩變後表示尚佳，並提出政治主張，似
不致發生變化。廣東雖無明白表示，以廣西態度可
以間接看出廣東態度，益以廣東與陳銘樞不合作，
因此判斷廣東亦不致變化。

三、由蔣委員長致李德鄰親筆函表示精誠團結，由余
（吳）加函專人送去，余暫緩赴桂，酌奪今後形
勢，再定余赴桂與否。

今晚（卅一日）係民國廿二年大除夕，蒲城係指揮
福建軍事統帥部所在地，無過年之準備。余在此度大除
夕，亦值得紀念也。擬明日（元旦）經浙江返上海，至
十二時就寢。

1934 年（民國 23 年）　51 歲

接上年除夕陳銘樞、李濟琛在福州宣佈獨立

今日元旦，于六時起身，八時半由蒲城乘汽車出發，經仙陽，過大竿嶺、畢山嶺，至浙江二十八都。前項公路為軍用臨時修築，只有土基，而橋樑亦極簡單，行車時既困難且危險，至浙江境內，方係正式公路。再越仙霞嶺至江山縣，當車輛入仙霞嶺境，盤旋上下約三十分鐘，但見山崖對立，下臨深谷，或從叢林中直上茫茫天色，無窮無盡。下午四時安抵衢縣，適值新修成杭江鐵路第一次舉行旅客夜車，余即乘此夜車，于午後六時開赴杭州。今日元旦，又乘該路第一次夜車，適迎斯會，大可紀念。

一月二日（昨夜）天氣甚寒，因該路初次通夜車，籌備欠週，無火爐、無電燈，黑坐一宵，寒冷難受。車行甚緩，本定六時抵杭州，延遲至九時半到錢塘江邊。遂即過江至南星橋轉車赴滬，訪桂方代表張伯璇等，一面電告李德鄰，以當前一般態勢，中央軍在福建居于優越地位，一面將蔣委員長致李德鄰親筆函交由伯璇等專人送去。余往訪老友，張靜江、吳少祐諸兄問我前方情形，告以第十九路軍將失敗，他們都不相信，異口同聲第十九路軍能在上海打日本軍隊，中央軍不是十九路軍對手。余答曰此一時也，彼一時也，看看將來罷了。

一月七日中央軍克延平，一月十四日中央軍克福州，十九路軍退漳州、泉州一帶，或被繳械，或被改編，未及兩月，閩變遂平。可惜名震一時之十九路軍，

如此下場，其責任不能不歸咎于諸領導人陳銘樞之錯誤。蓋陳氏主觀太重，認識不清，輕舉妄動，因而闖此大禍。現在赤焰囂張，農工失業，華北停戰以來，平津一帶已為日本所控制，危機遍地，險象環生，中央諸公應受閩變之教訓，改弦易轍，以救危亡。

閩事叛平後西南之形勢

中央軍克福建，第十九路軍消滅後，形勢為之一變。但中央與兩廣互不相信，咸有戒心，中央志在剿匪，兩廣志在自保，貴州防匪入境，雲南閉關自守，赤匪在湘西一帶找出路。在這種情況之下，中央兵力雄厚，形勢較優，廣西形勢較孤，余仍主張團結內部，用政治謀統一。李德鄰來電，約余赴廣西面談，余因無具體辦法，不願徒勞往返。蔣委員長來電主張與廣西合作，余于四月上旬赴南昌與蔣見面，蔣表示決定剿匪。嗣又由廣西代表張伯璇、黃建平奔走南昌、兩粵間，因此中央得以放心剿匪，廣西得以安心堵截。這是閩事敉平後重要關鍵，但信心未立，戒心未除，時有誤會發生之可慮。

記龍珠感舊圖手卷

余于清季戊申光緒三十四年，江、鄂兩省陸軍在安徽太湖縣會操，故兩次經過安慶。第一次在暑期參謀旅行，察看會操地點，因此得機與新軍營長老同學薛哲（號明甫，壽縣人）商討革命。第二次過安慶，是在秋季正式會操，皖省新軍起義失敗，薛營長明甫被拘，在

巡撫衙轅門就義。詳情載戊申太湖會操回憶中。當年余
過安慶時曾駐龍珠山,現屆壬申,已隔二十四年之久
矣。今者舊地重遊,回想戊申年之情景,其感慨何可
言喻。省府曹秘書長經沅(纕蘅)特為製龍珠感舊圖
手卷,請陳散原(三立,年八十二)題卷首名,畫家
張大千繪圖,並有馬良(相伯,年九十七)、聶曾紀
芬(曾國藩之女,年八十五)、唐恭石(貴州人,年
八十五)、陳衍(石遺)、徐世英(靜仁)、吳敬恆
(稚暉)、林森(子超)、趙熙、馮玉祥、周鍾岳、于
右任、戴傳賢、汪精衛、王揖唐、鄒魯、葉楚滄、張一
麐、羅良鑑、李國松、仲浮山、彭醇士等二十餘人先後
題跋,或屬年高望劭之士,或屬余之至友。茲將曹纕蘅
所書此圖起原附于後:

　　安慶附郭諸山,以龍珠為最勝,其地近集賢關,岡
巒起伏,林木蔚然,石門湖相距尺尺,邦人憩游,恆集
于此。清季戊申大湖秋操,禮卿先生由秣陵率所部來
會,留茲山者累日。比歲開府故鄉,回憶前游,已逾
念稔,每值休沐,輒屏儔從,薄游近郊,而于龍珠山
尤數,數至閒與老僧共語,移晷始去,殆不勝空桑之
感。余時與清游,習聞前事,因乞張子大千作龍珠感
舊圖,散原老人題字卷首裝成。附識顛末時距去皖已一
年矣。

甲戌重五前五日
綿竹曹經沅

張國書表姪患肺炎

　　張國書表姪現年廿五歲，係余舅父的長孫，原在皖省政府服務，自余離皖後，即到蕪湖女子中學任總務主任兼教員。于昨年率領學生到安慶一帶旅行，過于疲勞且受風寒，患惡性感冒，入蕪湖野雞山醫院診治。據醫生說肺部有水，須將肺水抽去，迨抽數次後仍無效，國書始來信向余報告病情。余立即請吳叔仁先生前往蕪湖視病，並表示余不以抽肺水為然。同時醫院先生們有兩派主張，一派主張抽水，一派主張不抽水，醫生如此令人可惱，致使病人無所適從，狼狽不堪。余請叔仁先生將國書移送上海醫治，經住醫院三個多月調養，身體大有進步，出院後于二月十八日由滬來蘇見面，雖體重增加，但肺部受傷，病根未清，青年人有此病根，將為來日之大患。余所以有此段記載者，警告一般青年、一般醫生必須將病源弄得清清楚楚，然後下藥，決不可操切施行手術。

道叔姪軍校畢業

　　道叔姪現年廿七歲，本年夏季已在軍官學校第九期步科畢業，分發張家口宋司令哲元軍中見習。余告道叔曰：爾既經余教育成人，此後成敗全在爾自己努力。並贈余過去從軍時所用衣物，以作紀念。惟道叔性情忠厚，國文程度較差，其進步遲緩，自在意中。

沈兆麟內弟考取燕京大學

　　沈兆麟內弟現年廿一歲，性情和平，不多說話。本

年（廿三）夏季在蘇州高中畢業，成績優良。余派梅光庾陪同兆麟到上海及南京報考交通、中央、燕京三個大學，業已考取北平燕京大學社會系，八月廿九日由蘇州乘車赴北平燕京大學報到。兆麟係苦讀學生，統由伊姐麗安負責，今者考入大學，伊姐之歡喜不可言喻。

庸叔兒在蘇州東小橋本宅出生

沈麗安女士懷孕已至臨盆期間，不擬入醫院，即在家中生產。于十一月初八日夜忽腹痛，遂由樓上移至樓下西面房待生，請產科醫生顧之華女士接生。至今晨八時平安生一男孩，時在民國二十三年十一月初九日上午八時，即陰曆甲戌年十月初三日辰時。以廿九歲產婦頭生能如此順利，深佩顧醫生經驗豐富，技術高明。而惟仁夫人通夜未眠，奔走照料，其精神亦已感覺疲勞。又以甲戌年，戌屬犬，所以乳名犬弟，嗣因余讀中庸之心得，故正式取名庸叔，為余讀中庸之紀念。

1935 年（民國 24 年） 52 歲

出任貴州省主席之原因與經過之情形

自赤匪盤據湘黔邊區，經中央大軍圍剿，無法立足，乃以蕭克、賀龍匪部留湘西牽制國軍，毛澤東、朱德率主力竄貴州，王家烈所部黔軍迎頭堵擊，屢戰屢北，國軍加緊尾追，使匪無暇喘息，國軍行動迅速，遂先入貴陽城。當斯時也，桂軍進駐黔南獨山一帶堵截匪軍，粵軍亦動員，將繼桂軍續進，因此謠言蜂起，影響剿匪軍事。此乃湘黔剿匪勝利後之大概情形也。

三月廿七日蔣委員長來電，約余飛重慶轉飛貴陽。緣在一個月前蔣委員長入川時，約余赴川一遊，比復電贊同，俟約期再行。今既來電，故偕羅佶子先生于三月廿九日上午八時由南京乘輪西上，于卅一日午後七時抵漢口。

四月三日乘郵機（只有四個客座）于上午七時卅分起飛，午後二時半到重慶，下榻桃園。晚八時四川省府秘書長鄧鳴階陪同余訪問四川省主席劉湘（號輔臣），暢論時局，交換剿匪意見。劉主席於談話中忽問余西南有無問題？余堅決表示沒有問題。劉氏再問曰，吳先生你何以知道沒有問題？余答曰，我說沒有問題，就是沒有問題。其意乃我對此事甚有把握。蓋劉氏正受他方面宣傳之影響，對于時局頗有懷疑，持觀望態度，經余解釋，恍然大悟。當時劉氏一身兼任四川省黨政軍三要職，有舉足重輕之勢，如今劉氏心安，則四川安定矣。

四月五日午十二時，乘機于午後二時飛抵貴陽城。

五時晤蔣委員長，講剿匪勝利經過情形。蔣請余任貴州
省主席，余婉辭。蔣一再要余擔任，余答曰俟考慮後再
答覆。

　　四月六日午後五時再晤蔣委員長，再度談及余任貴
州省主席事，余仍婉辭。蔣意為安定西南局勢，須由余
任主席。論及西南形勢，貴州乃軍事重鎮，明、清兩朝
均重視此地，設四個鎮台、一個提督。今者保有貴州，
不但可以團結西南，尤可抵抗日本，其重要有如此者，
但余無任主席之興趣，實令人左右為難。商談一小時
餘，未得結果，約明日再談。

　　四月七日午後五時再晤蔣委員長，繼續商談余任主
席事。余至此只得勉強答應擔任，當向蔣表示，你辛苦
收復貴州，要我擔任主席，理應接受，既以余任主席可
以安定西南，使中央軍安心追剿殘匪，這亦是義不容辭
之事。不過貴州因交通不便，受軍閥關閉已久，一切
都欠進步，都無基礎，且都要從頭做起。余遂提出三項
請求：

一、我任主席係以團結西南為最高原則，不願見西南內
　　部發生戰爭，倘團結破裂或效用過去，要准我離開
　　貴州。

二、絕對不指揮軍事。

三、在貴州服務，一切中央人員必須協助省府，受余
　　指導。

　　蔣曰一切照你所說的辦理。蔣又曰你可即日就職，
余曰日內回蘇州料理家務，一個月後來貴州就職。蔣曰
時間未免太長久了，余曰你可請中央先發表余為貴州省

主席命令，自然內外安心，兩廣軍隊也會停止前進，抑或後撤。蔣曰即電中央先發表主席。余又曰擬經過兩廣，由香港回上海，蔣曰這事還要加以考慮。彼此談話極為圓滿歡喜而散。晚間蔣來親筆函：

禮卿吾兄：

　　如兄決回蘇州，直接回蘇州，不必往他處，以便速回，免致延擱。以兄未就職前，他行多有不便之處也。明日起飛前請來一敘，飛機已準備妥當矣。

中正手上
七日晚

　　四月八日天氣不佳，不能起飛。余上午謁蔣委員長，告以不經過兩廣赴上海，將來派人赴桂取聯繫，並商討省府委員、廳長之人選。蔣提李仲公為財政廳長，余贊成。余提曹經沇（纕蘅）為民政廳長、葉元龍為教育廳長、吳晉為建設廳長，蔣曰曹、葉兩人任廳長是很好的，吳任建設廳長似有未妥。蔣又曰人選大體如此，請你加以研究，再行決定。（八日晚，匪擾貴陽南鄉距城四十里地方，是夜城內緊張，判斷是匪找退路。）

　　四月九日午十二時偕羅佶子先生由貴陽起飛，午後二時抵重慶。比即晤行營秘書長楊永泰、賀參謀長國光、機要室陳主任布雷，告以當前西南局勢絕無問題，請轉告各方安心剿匪。

　　四月十一日上午七時乘郵機，于午後二時飛抵漢口，晚八時在錢參謀長大鈞公館晤武漢行營主任張學

良，交換時局意見。

四月十二日上午七時乘郵機，于午十二時飛抵南京。

四月十六日中央先發表余任貴州省主席，各方一致贊成，認為西南局面可以安定，憂慮心情慨然冰釋。廣西同人來電，約余赴港一行。因環境關係未便前往，特請羅佶子先生代表一行，並請羅先生向桂方說明，余出主黔政，以保證團結西南為最高原則，萬一不幸團結破裂，余不忍見戰事發生，祇有立即離開貴州，以謝黨國，惟希望廣西以大局為重，撤退黔南駐軍，廣東軍隊亦勿動員。

四月廿三日行政院發表余所推薦之省政府委員、廳長名單如下：

委員兼民政廳長曹經沅（四川人）

委員兼財政廳長李仲公（貴州人）

委員兼教育廳長葉元龍（安徽人）

委員兼建設廳長譙湛溪（貴州人）

委員　　　　牟　琳（貴州人）

委員　　　　周恭壽（貴州人）

委員　　　　王澂瑩（浙江人）

委員　　　　朱庭祜（江蘇人）

秘書長　　　張　棟（江蘇人）

赴黔就職前後之經過及治黔之方針

四月廿六日上午由南京乘輪赴漢口，午後二時過蕪湖，王專員鑄人陪同參觀赭山公園及市政建設，其一般情形較前進步。晚九時開輪西上，廿七日上午抵安慶，

劉主席鎮華來船歡迎，遂即上岸到省政府，並參觀第一林場等處。劉主席指城外樹林曰，這都是吳先生主皖時栽種的，已經長大了。余曰雖由余栽種，有劉主席保護培養，纔能長大的。彼此大笑。

四月廿八日晚抵漢口。廿九日拜訪吳市長國楨，又過江拜訪行營張主任學良、鄂省政府張主席岳軍等。

四月卅日張主任學良特派其坐機播音號送余赴貴州，同行有曹廳長經沅、葉廳長元龍、朱委員庭祜、張秘書長棟、梅秘書光庚、巴秘書壺天、郭秘書等，吳市長國楨等到機場送行。于七時半起飛，十時半過重慶，午後一時半抵貴陽，晉謁蔣委員長，拜訪黨國元老吳稚暉先生。

五月一日到省府先行視事，開第一次省府會議。

省府除一個印信外，其他可以說一無所有，而房屋破壞不堪。

五月二日民、財、教、建四廳長到廳接事。

五月三日余與綏靖主任薛岳、總指揮陳誠三人在省黨部舉行茶會，招待黨政軍工作人員及各團體代表。余宣佈治黔方針約一小時，其重要原則有五：

一、此次治理貴州，其重點在政治（如對西南鞏固團結，對本省力謀安定）。

二、人事公開，財政公開，確立會計制度。

三、禁絕煙禍（這是貴州歷史上帶來最大毒素）。

四、肅清匪患。

五、積極修築湘黔公路、川黔公路、滇黔公路，整理桂黔公路等四大公路。

　　五月六日上午在省府禮堂舉行主席、委員、廳長宣
誓就職典禮，吳稚暉先生代表中央黨部，蔣委員長代表
中央政府分別監誓，頗為一時之盛。典禮畢後，吳、蔣
二位監誓大員到主席辦公室談話。

　　五月九日晚，蔣委員長招待余與省府各廳長、委員
以及黨部、軍方首領李次溫、陳誠等晚餐。蔣表示明日
離筑，以後所有在貴州黨政軍均以吳主席為中心，一切
聽吳主席領導，嗣又談到貴州省預算及行政督察專員分
區。席散後，余再與蔣談話，表示時局危機，非精誠團
結無以謀出路。蔣極以為然，囑余與各方多接洽。

謀黔省內部安定之方法

　　查貴州遠處西南，交通不便，又值民國以來國家變
亂無常，無暇顧及，以致該省政權全憑當時之勢力為更
迭，遂不幸養成軍政之派系，如保定派、土官派、興義
系、桐梓系等大大小小之派系，各不相下，恩怨叢生，
鬥爭時起。余有鑒于此，為鞏固西南各省團結起見，必
先謀黔省內部之安定，省政府應取超然地位，一秉大
公，不為派系所牽制，故決定：

一、一概不採報復主義，所謂「冤家宜解不宜結」，也
　　就是說中央同志過去雖在貴州受軍閥痛苦，但是以
　　大局為重，應予以寬大與忍耐。

二、向中央建議，貴州原有吳劍平、何知重、柏輝、蔣
　　在珍等四個師（桐梓系）暫緩改編，照原番號加委
　　軍餉，由中央發給該師等，不得再在地方籌餉，如
　　願隨大軍入川追匪固好，否則當留省辦理清鄉，亦

可聽其自願，決不勉強。中央採余之建議，予以加
委，並發軍餉。

三、新成立各民眾團體及與派系有關人們力主取銷已故
貴州軍政首領周西成（桐梓人）銅像，決于六月一
日實行，並請黨政軍各機關派員參加。余與綏靖公
署顧主任祝同、省黨部李主任委員次溫及郝軍長等
商討，均認為當此正謀安定之際，如取銷周西成銅
像，必生反感，且于安定之方針大相矛盾，遂分頭
勸說各團體從緩施行，一面派軍警保護銅像。一場
風波安然渡過。

自以上三事表現後，軍心、民心從此大大安定矣，
其影響貴州政治之基礎，未有甚于此者。

主黔時吏治與人事

先後發表省府秘書及主任人員，計郭紹芝為省政府
主任秘書，曾學孔、梅光庚、周昆田薦任秘書，李家煒
公報室主任、劉永愨法治室主任、張國書會計室主任、
吳叔仁為駐京辦事處長。

五月十四日省府會議通過行政督察專員區域及專員
兼縣長案，因貴州山道崎嶇，交通險阻，為肅清土匪指
揮便利起見，故暫劃十一個行政專員區，一俟地方秩序
恢復再行縮減。

六月三日黨政軍聯合紀念週後，接行貴州省保安處
長馮劍飛及全省十一區行政督察專員就職宣誓典禮，先
後由余及顧主任致詞，計：

第一區　（貴陽）專員竇覺滄

第二區　（安順）專員唐茂宏

第三區　（盤縣）專員劉千俊

第四區　（畢節）專員莫　雄

第五區　（遵義）專員張篤倫

第六區　（思南）專員趙　樸

第七區　（平越）專員聶　洸

第八區　（鎮遠）專員華　光

第九區　（銅仁）專員陶懋榛

第十區　（黎平）專員董福開

第十一區（獨山）專員王鑄人

　　六月四日省政府召開黨政聯席會議，各區行政專員一律出席，討論要案有：

一、考核縣長，能否稱職。

二、編團清鄉，安撫流亡。

三、訪問民間，起用正紳。

四、整理教育，改良風俗。

五、速修道路，以利交通。

六、嚴禁鴉片，為民除毒。

七、不准派捐，除去苛稅。

　　六月廿一日中央來電，委員兼財政廳長李仲公另有任用，其遺廳長缺以王委員澂瑩繼任，王廳長澂瑩因漢口農民銀行事，未能即時來黔到任，先由省府派教育廳長葉元龍暫行兼代。李廳長仲公此次離職係因剛愎自用，不洽輿情，與同人不能合作，而各區專員反對更力。經余從中疏解，亦不能改善，不得已請中央予以免

職，另行任用。這也是省府成立未久更換財政廳長最不幸之措施也。李仲公所遺省府委員缺，另推薦韓德勤繼任，未幾亦經中央核准。韓江蘇人，現任綏靖公署參謀長，以之任省委，則軍政兩方面更易聯繫。

六月廿六日成立縣政人員訓練所，省主席兼任所主任，民政廳長曹經沅兼任副主任，另聘向乃琪為訓育主任（號伯翔，湖南人，曾任安徽貴池行政督察專員，富于行政經驗），其受訓者為現任縣長及審查合格預備縣長、各機關秘書、科長等分別調訓。其訓練目的蓋在統一思想，推行國策，並使之明瞭縣長應辦之業務及應盡之責任等。

正謀團結，忽起謠言

自貴州新省府成立後，廣西派王哲漁、黃桂丹為駐黔代表，四川派傅春初為駐黔代表，我方派張鼎勛為駐桂代表。又黔南有廣西駐軍，為便于與該軍接洽起見，特調安徽蕪湖行政督察專員王鑄人為黔南獨山專員，又派省府參事鄭子獻駐重慶，與四川各方面取聯繫。至湘、滇二省與黔省彼此相約，遇必要時派遣臨時代表往來，不設常駐代表。如此佈署，與西南各省聲氣相通矣。

五月下旬，忽空谷來音，謠傳將有軍事行動。至六月初旬謠言更熾，甚至說桂軍如何調動，大有箭在弦上之勢。未幾綏署顧主任祝同面告近日港粵紛傳粵桂聯合北犯，中央亦電余查復。余深知當前西南決無問題發生，故急電中央與廣西，略謂：「當此國事亟亟可危之

際，深信決無人願意破壞和平，保證西南決無軍事行動，請勿信奸人造謠離間。」

六月十六日白副總司令崇禧來電闢謠，內稱：「黔中謠言西南將有軍事行動，殊深駭異。當茲華北吃緊，外患日亟，協同禦侮，尤恐不勝，何至喪心病狂，自絕國人，並請黔省派員來桂偵察，不辨自明，所謂事實勝于雄辯也。」桂軍參謀長張任民亦來電否認有軍事行動，遂將此二電轉蔣委員長。一天雲霧忽然消散，政客造謠真正可恨，追究謠言係來自上海、香港。同時面告駐黔桂軍代表，希望黔南桂軍後撤。

為謀黔、桂雙方軍人見面聯絡感情，歡迎廣西第七軍籃球隊來筑，與本省軍隊所組織的新生活籃球隊于七月八日在公園球場舉行比賽，余親到球場演講團結禦侮，共濟時艱云。

七月十九日白副總司令崇禧來電云：「共匪既竄川康，桂軍駐在黔南各部隊，除留少數維持交通外，餘均撤回桂。」白氏如此顧全大局，可為黔、桂兩省人民慶。

桂軍總參謀長葉琪（翠微）墜馬逝世，蔣委員長派殷主任甸樵往南甯弔唁，殷于七月廿一日飛抵貴陽。適旬日前白崇禧來親筆函約余見面，余因省務不克分身，予以婉謝，茲擬趁葉參謀長之喪，省政府與綏靖公署合派韓委員德勤偕殷赴桂代表弔唁。

八月六日殷、韓兩君返抵貴陽，據云廣西請求將湖南、貴州兩省交一省與廣西綏靖公署。此事廣西曾向余提及，余在兩月前向蔣委員長建議，未得要領。今者舊

話重提，余特託殷代陳蔣委員長親筆函贊成此事。如能見諸事實，乃大局之幸，但互信未立，殊難樂觀，余只有本精誠團結之素志，盡心竭力奔走而已。

赴京出席本黨第五次全國代表大會

十月十七日晚間在綏靖公署招待黨政軍各同人，宣佈明日赴南京開五全大會，派民政廳長曹經沅代省主席，省府日行公文派張秘書長代拆代行，綏靖公署事由柳參謀長際明代拆代行（日前中央發表余兼代綏靖主任，余力辭，在新人未定之先，余不得不暫負實際責任）。

十月十八日晨七時半起行赴渝，此次赴渝本以乘飛機為便捷，但因須查勘新修之川黔公路，故決定乘汽車前往。同行者有曾養甫、鮑午樵、周昆田諸君，一行十五人分乘四車。

是日陰雨，道路泥濘，行車至感困難。十一時至息烽縣，下午一時半抵黃金洞，路極險峻。過烏江小息，續進攀越老君閣，頗費力。入遵義境，風景優美，甚似江浙。六時半抵遵義城，晚宿郝軍長夢齡司令部，接見各士紳、各團體代表。

十月十九日晨七時廿分動身，郝軍長夢齡陣同赴渝（由遵義至綦江係郝軍長所部防地，因途中不靜，郝特同行沿途照料，至深感激）。大霧後天宇開朗，朝日一輪隱雲中，依稀可見，眾大喜。八時五十分過婁山關，峰高路狹，洵為黔中險要門戶。十時二十分到桐梓縣（周西成等軍人家鄉），歡迎者甚多。在逸園休息後續

前進，道路更壞，由此前進只有新路土基，尚未及修石
子路面，越兩峰埡尤難。六時半至新站，遂止宿焉。

十月二十日晨六時四十分由新站出發，擬晚宿綦
江。是日大霧，左右高山皆模糊不見。七時卅分抵九龍
山，霧漸落，縈繞蕩漾于山腰間，而晶瑩皓日亦自雲中
吐出光芒四射，霧白峰青。此一雲海奇觀，余今日猶為
初次領略也。九龍山峰巒棉亙，九時半始過。十時至松
坎，略息。十一時至叢溪橋，即川黔交界處也。三時至
東溪鎮，七時至綦江宿焉，後數車尚未趕到。

十月廿一日天雨，至午十二時後面數車始到，蓋彼
等車因陷泥中無法駛出，而在途中一個荒野河邊車上過
夜，無飲無食，狀至狼狽云。午餐後天漸晴，遂開車再
發，惟路較前更壞。四時許至杜市，遂不敢前進，在
區公所宿焉。該所係鄉祠，無人供應，乃由隨行勤務執
炊，粗飯野味，亦甚有意趣也。

十月廿二日晨六時半離杜市，天雲欲散，大有晴
意。八時半入巴縣境，山行之苦，于今日結束，而建築
此重山峻嶺之川黔路工程之大，工事之難，于斯可見。
午後一時抵重慶，由張市長招待住公園事務所。深感
郝軍長夢齡沿途照料，所見該軍將士整齊嚴肅，至深
佩慰。

十月廿三日煙雨迷漫，擬明日飛南京。廿四日晨仍
大霧遮空，江山不辨，八時許漸透日影，十二時偕周昆
田等到機場，午後一時半起飛，二時半到宜昌，因下游
氣候不佳止飛，寓大陸旅館。晚餐後往訪宜昌行轅主任
陳誠，談至深夜。廿五日晨八時由宜昌起飛，十二時抵

南京。

十一月十二日在總理陵園舉行總理誕辰紀念，後接行第五次全國代表大會開幕典禮，計到中央委員及各代表四百餘人。是日細雨紛紛，令人愁悶，甚盼此次大會于國家稍有補助。

十一月十四日上午出席大會，通過主席團名單，余亦主席團之一員。

從十一月十五日至十八日，出席大會或出席主席團會議，討論中央委員選舉與憲法草案等重大案件。十九日上午，大會主席團主張中央執監委員三分二自由選舉，為應付環境，團結內部，三分一由主席團推舉，請大會表決。但有一部份同志反對此辦法，要求自由選舉，爭論不休，決議交黨務組審查。二十一日出席第六次大會，決議要案有：

一、宣布憲法及召開國民大會日期。

二、決定第五屆中央委員名額及其選舉辦法。

三、總章不修改。

以上三案為此次大會之爭點，今得和平解決，乃黨國之幸。二十三日開兩次大會，上午通過推行地方自治案，下午選舉中央執監委員，余當選中央執行委員。舉行閉幕式，發表宣言，勗勉國人建國救國。

十二月三日出席五屆一中全會。四日上午大會通過「廿五年五月五日宣布憲法草案，是年十一月十二日召集國民大會。」七日上午大會通過中央常務委員政治會議委員、國民政府主席、五院院長。林森為國府主席，蔣中正為行政院院長，居正為司法院院長，孫科為立法

院院長，于右任為監察院院長，戴季陶為考試院院長。
遂即舉行閉會典禮，至此第五屆全國代表大會及一中全
會完全告成。

犬弟患肺炎醫愈及提名庸叔之由來

出生未滿兩月的犬弟（庸叔）於一月初旬發高熱，
請近鄰龐新聲西醫診治，熱不止，伊母麗安女士很憂
急，改請中醫小兒科殷天君診治亦無效，再請推驚風醫
生，不但無效，病勢更嚴重。一月十七日晚（即陰曆
十二月十三日），手足抽筋，頭左右搖擺，舌不時伸出
亂動，諸醫束手，然已拖旬日之久矣。余決定仍請原診
醫生龐新聲先生商討，余告龐曰，小人病重，可能沒有
希望了，我將小人交把你（龐），請你多請幾位醫生研
究，由你負主治之責。龐曰現在深夜，醫生難找，我可
就近先將博習醫院內科孫建宜先生請來商量。稍頃孫先
生趕到，共同研究結果確是肺炎，主張進醫院。余贊
成，並曰一切相信醫生。即于深夜，在月光之下，由吳
叔仁先生及乳母將小人送入博習醫院，經過約兩月之
久，竟然醫愈出院。由此可知，有病要聽醫生的話，如
要更換醫生，猶如作戰敵前易將，不是一件容易的事，
必須多加研究。庸叔此次的病轉危為安，就是家人不出
主張，一聽龐、孫兩醫作主之收獲也。

余在貴陽因交通不便，賓客少，時間閒。適青年秘
書周昆田對國學素有研究，故經兩個月的時間，彼此研
讀中庸。余最有心得乃「致中和，天地位焉，萬物育
焉」一節，這是儒家傳心最高理想，切合唯物道理，故

將次子乳名犬弟取名庸叔，一面函諸姪輩要以中庸之道
為做人、做事、讀書之一切基礎，至齊家、治國、平天
下之大道亦在此。凡事離開中庸，則一切難期有成，世
人有反對中庸之道者，實在未明中庸之道也。

關于蔣世兄緯國讀書事

三月二日緯國來談本人擬出洋求學，父親主張習陸
軍，母親主張仍讀東吳大學，問余意見。答曰只有遵父
母一方之意見。嗣與蔣太太商量，不能確定，再與軍校
教育長張文白商量。張來電話，可以插班，遂于三月
五日由吳叔仁先生陪緯國進京與文白接洽，遂暫入軍校
肄業。

在貴陽兩次患病

八月初不戒于食，復受涼，忽腹瀉、發高熱，轉痢
疾，每小時三次、四次不等，紅白色，腹甚痛。延樂景
武醫生診治，打針、洗腸，夜不能眠，痛苦非常。經三
日之久，熱度大退，再經三日可飲米湯，將可下床，經
此一星期之熱度、痢疾，體氣大不如前。

九月初旬重傷風未愈，而咳嗽及舊胃病忽發，痛不
可止。經省府委員牟貢三先生用按摩術一次，痛止，再
按一次，非常舒適。牟曰主席你如相信我（牟）的話，
你的多年胃病我一定可醫好。余曰相信你，請你醫治。
隔數日，牟開一副數十位草方丸藥單送來，切囑常吃不
能間斷，吃到完全復元為止，並禁吃生冷。其藥位雖
多，主要的藥有安南、肉桂、四川厚樸、浙江於尤等，

余即照牟指點辦理，不斷食用一年之久，將十五年以上
胃病除去大半矣。由此可知草藥也有它的價值，而按摩
術亦不可輕視也。

記貴州省府花園古紫薇花

　　省府花園有紫薇花二株，詢諸貴陽人士，均不知何
年種植。其東一大者高出鴟表，以余研究，總在四百年
以上，其西一小株亦在二百年以上。此樹歷年已久，閱
人多矣，吾儕碌碌風塵，茫茫國事，究不知如何歸結，
見樹之矗然常新，感慨良多。近日紫薇正在開放，燦爛
可愛，適值病愈後，每于冷落衙齋藉此愉目，亦是破除
岑寂。憶蘇寓中親手所植之紫薇，現當開放之時，惜未
能親賞耳。

1936 年（民國 25 年）　53 歲

經過兩廣赴貴州

經過兩廣之原因，自昨年中央召開第五次全國代表大會時，黃旭初（桂省主席）、張任民（桂軍參謀長）等代表李德鄰（宗仁）先期來京商談團結，並說李德鄰即來京出席大會，託余向當局表示良好情感。經報告中央電李促駕，不料德鄰忽來電不擬來京，實令余左右為難。

湘西股匪突圍，蔣委員長昨年十二月一日來電云：「股匪出巢北竄公算為多，希望桂軍派十二團兵力速進黔、湘邊境協剿」等情。蓋桂軍原駐黔南部隊撤回桂北時間未久，今又調回協剿竄匪，當然不是一件簡單的事，除將蔣電轉李德鄰、白健生外，一面邀集廣西在滬諸代表商討促桂省出兵。嗣李德鄰來電請求中央發表黔桂綏靖主任（昨年即有此要求）與湘桂黔邊區剿匪總、副司令，同時發表同時就職，而蔣委員長主張先發表邊區剿匪總、副司令，余力勸德鄰接受，並經王季文、張伯璇、黃建平諸君多方設法，一面請張任民即日回桂疏解。得李德鄰、白健生來電，可以先就總、副司令職。

本年元旦，中央發表李宗仁（德鄰）為湘黔桂邊區剿匪總司令、白崇禧（健生）為副總司令，西南政局益增安定。余出任黔政，志在促成團結，今者第一步既已完成，擬再繼續努力，以盡全功。故此次經過廣西，促李、白早日就職，謀進一步團結，更踐過去彼此約定晤面之諾言。

　　同時胡展堂先生（漢民）由歐洲返國，日內抵香港，中央囑余過港時歡迎胡氏早日進京，此乃余經兩廣返貴州之各種原因也。

　　由上海赴香港，乘法國郵輪，于一月十一日上午十時開船，羅佶子、王季文、吳少祐、周昆田同行，連日風平浪靜，心曠神怡。十四日晨抵港，李德鄰派張任民、麥慕堯、黃子敬等為代表，陳濟棠（伯蘭）派高級參謀鄧剛為代表到船歡迎，遂在船中接見記者，發表談話，旋即上岸。午後偕佶子到九龍元朗王季文兄家中，通夜研究澈底團結的對策。

　　由香港赴廣州，乘十五日夜輪前往，周昆田、麥慕堯、王季文、鄧剛等同行。十六日晨抵廣州，陳濟棠派員到碼頭歡迎，遂下榻馬棚岡李德鄰公館，先與德鄰交換意見，旋陳濟棠、許汝為、劉紀文等先後過訪，與陳氏暢談時局，彼此認為必須精誠團結，方可救亡圖存。午應西南政務委員會老同志蕭佛成、鄒魯等全體委員公宴，午後回拜諸老同志，分別談話，強調團結之重要，彼等深表同情。晚六時應陳濟棠宴，有許汝為、鄒魯、林雲陔（粵省主席）及廣州文武高級人員四十餘人作陪，多係余之舊友，久別相逢，情緒溫和，余深感彼等對我之熱忱也。

　　十七日晨承中山大學鄒校長魯（海濱）之約參觀中山大學，該校規模宏大，設備齊全，乃國內稀有之大學也。十一時至黃花崗弔七十二烈士及老友古應芬、朱執信、鄧鏗（仲元）諸同志墓，尤感吾人應澈底覺悟，加強團結，以貫澈諸先烈之遺志。午後參觀粵省新建設

的水泥、紡織等廠，粵建設突飛猛進，亦是粵省財源豐富，陳氏領導有方。

十八日上午乘輪返香港，季文、昆田同行，抵港後即住思豪酒店。潘宜之來訪，潘新由廣西來港，係代表白健生歡迎余赴南甯者。

晤胡展堂（漢民）先生，胡氏于十九日由歐州抵港，各團體及西南人士舉行空前盛大歡迎，所以如此歡迎者，均感國難日深，希望胡氏對國事有所主張，共挽狂瀾，尤以西南以胡氏馬首是瞻，故胡氏言行頗有影響。二十日午後七時，展堂約余與居覺生（正）、葉楚滄、陳策等晚餐。席間展堂表示血壓太高，須長期休養，只談遊歐情形及國際形勢，不談今後行動，所謂今日只談風月，約我隔日再談。

第二次晤胡展堂先生，係二十二日上午，余向展堂坦白表示曰：「請胡先生以大局為重，即日赴南京，如不去南京，必受社會批評胡先生不願團結。」胡曰：「這話不能接受，禮卿先生你是知道的，不是我（胡）不團結，你要說公道話。」彼此意見既左，相對無言。稍頃胡曰：「當前大家惟有服膺三民主義，容納內外同志意見，共同研究國是辦法，方可挽回危局，我決赴上海（意在不一定赴南京），但須先赴廣州一行。」余答曰：「你的意見我負責，南京可以照辦，我即電介石可也。」因胡有病，原約定談半小時，至時余告辭，胡留續談，又半小時之久，余再告辭，胡送余至樓梯口，緊握余手不捨曰：「記得禮卿先生曾向陳炯明說，你（陳）聽先生話（中華革命黨稱中山先生曰先生），我

們一定聽你的話。言猶在耳，言猶在耳。」胡又曰：
「汪精衛反對中華革命黨，你還記得嗎？」答曰：「記
得。」胡氏黨性之強，于斯可見。胡仍握手不放，余
曰：「胡先生現正發熱，請回休息，我們暫別。如要談
話，我再來。」胡曰：「好。」萬想不到，不久將來
（五月十二日）胡先生竟與世長別矣，此乃余與胡先生
最後之一晤也，可不痛哉。

　　王季文兄家中渡農曆春節，一月廿三日係農曆乙亥
年大除夕，季文兄約余到其九龍元朗鄉寓過年。依舊習
慣，他的男女子姪向余辭年，余亦每人贈押歲錢五十
元。季文家教甚嚴，子姪輩都有禮貌，所有廚房事均由
其夫人任之，一切儉約，可稱家庭之模範。季文鄉下有
雞場、有魚池，更有兩棟新式住屋，設備齊全。廿四日
係農曆元旦，爆竹連天，異常熱鬧。是日天朗氣晴，風
和日暖，早餐後季文約余出外散步，登附近山遠眺。季
文以愉快心情曰：「此地就是世外桃源，人生樂土，將
終老於此矣，老兄何不到此隱居乎？」余曰：「還要奔
走國事，你的美意待諸將來。」料想不到，民國三十年
十二月八日，日軍佔領港九，季文在此不但傾家，而且
本人被土匪綁入深山，九死一生，性命幾乎不保，豈天
命使然耶？

　　由香港赴廣西，一月廿五日（農曆正月初二）午後
乘輪，先往梧州，麥慕堯、羅佶子、曾其新、周昆田同
行。廿六日午後過三水入廣西境，兩岸山峰玲瓏競秀。
廿七日上午抵梧州，登此山中山紀念堂，全市在望，清
晰如畫。回憶民國十一年奉命討伐陳炯明時，余所部由

全州集中梧州東下，今已隔十四年矣（詳情另記載）。午飯後改乘小汽船，于午後二時抵戎墟，捨舟換車，一路小山路平，車行甚速。經容縣、北流，晚八時抵鬱林，黔省駐桂代表張鼎勖來迎，報告蕭、賀股匪早已經過鎮遠，先頭已過甕安，並報告各方政治情形甚詳。廿八日晨七時由鬱林出發，十一時過桂縣石達開紀念碑，此處即石氏祖塋所在地，猶憶滿清掘其祖墓，碎骨揚灰，死人何辜，遭此浩劫。下午二時至賓楊崑崙關，兩山夾道，形勢險要，即狄青元帥深夜渡江破儂志高之處也。三時許抵南甯，白健生率同黨政軍數十人在茅橋熱烈歡迎，晚間白氏招待舉行一甚大宴會。

廿九、卅兩日分訪白健生、黃旭初（省主席）、李品仙（總參謀長）、邱昌渭（秘書長）諸當局，並交換時局意見。適蕭、賀股匪已竄平越，開陽、貴陽一帶吃緊。

卅一日晤白健生，先談剿匪事，健生曰：「已令桂北各部隊集中待命，如黔省要用，立即下令開進。」續談團結救國，健生曰：「當此國家危急存亡時期，只有一致團結，始足以禦外侮而平內亂，在過去與蔣先生雖有不洽之處，然彼此均無打倒對方之辦法，自以合作為是。而且今日中國言，全國領袖當非蔣先生莫屬，由合作至擁護，亦為自然之趨勢。」言時態度誠懇，如吐肺肝。余曰：「健生兄，你的說話非常坦白，誠黨國之幸，余當立即電告蔣先生。」余趁此機會向健生表明余之人格，略謂：「健生兄與蔣先生均有兵有權作鬥爭之武器，余究何所恃而立于二者之間乎？蓋余亦有武器，

即真誠二字耳。余數年來奔走雙方，總以真誠為準則，而對本身則以淡泊為依歸，絕無藉此取得個人私利之企圖，亦是雙方對我極諒解者。此後尚望雙方真誠合作，救民于水火。」健生曰：「我們最相信禮卿先生，今後一定切實合作。」至此談話暫告結束，今日之談可謂圓滿之至矣。

二月一日上午九時，白健生約余參觀武鳴縣，由南甯出發，車行一時半到達。先至民團指揮部，民團幹部訓練所在焉。健生召集訓練所學員，請余訓話，乃講自衛、自治、自給與三民主義之關係。午後參觀牧場，其飼養牛、馬、豬、雞均採新法，繼參觀工讀學校、公共託兒所、村公所，頗具新社會之意義，亦就是所謂廣西新政治之表現者也。繼遊明秀園及靈水，林泉幽美，足使流連。四時許返南甯，擬明日回黔，今日（二日）向各方辭行，白副總司令、李總參謀長、黃省主席、邱秘書長、劉高級參謀為章等先後來余寓所暢談，表示團結之誠意。

由南甯返貴州，二月三日晨八時出發返黔，黨政軍高級人員均來歡送。麥慕堯、周昆田同行，羅佶子亦于是日赴梧州回上海，同車至蘆圩，與佶子分道。午後三時至慶遠，由尹司令振常、蘇旅長馥扶招待下榻樂群社，遂與諸同人渡河遊白龍洞。洞在山腰，路極險峻，上行不易，洞內所塑佛相年久失修，壁上有石達開庚申年遊此洞的題詩一首，照錄如下：

挺身登峻嶺，舉目照遙空；

毀佛崇天帝，移民復古風。

臨軍稱將勇，玩洞羨詩雄；

劍氣沖星斗，文光射日虹。

　　二月四日晨七時出發，十一時許入南丹縣境，山勢高峻峭絕，道路崎嶇陡削，車行困難。十二時至南丹縣，鄧縣長招待午餐。餐後繼續前進，深覽南丹縣一帶地勢，堪為桂北軍事要點。二時許入貴州境之南寨，地形亦極險峻，可謂黔南門鑰。六時許至獨山，宿專員公署，王專員鑄人在此，與鄰省相處適宜，而地方人民亦甚愛戴。

　　二月五日上午八時出發，十時半至都勻，該縣吳和生縣長由獨山同來。十二時再前進，二時到馬場坪，適湘軍追匪部隊絡繹于途向貴陽前進，蓋蕭、賀股匪已越過貴陽，再向西逃竄矣。五時至貴定縣，晚間縣長梅光庚介紹士紳來見。

　　二月六日八時由貴定出發，山形更峻，坡度極陡，頗具軍事形勢，車行尤為不易。繼越觀音山圖雲關，至職業學校與省中黨政軍諸同人歡晤，握手寒暄，旋即進城，感謝文武諸同人堅守危城，轉危為安之辛勤。

追剿蕭賀殘匪，辦理地方善後

　　蕭、賀股匪既越過貴陽，此追彼竄，行縱不定，追剿部隊約有十五個師，疲于奔命。該匪竄至滇邊，為滇軍截擊，向東回竄佔據盤縣城，又為追剿各部隊分路堵

擊，無法再東竄。復西竄雲南之馬龍、霑益等處，雲
南形勢吃緊，黔邊各部隊向滇急進。該匪不可能再竄返
黔省，剿匪重心轉移雲南，因此黔省乃得辦理第二次剿
匪善後（第一次朱、毛股匪）。此次匪過黔省各地，姦
擄焚殺，廬舍為墟，哀鴻遍野，無以為生，當即辦理安
撫救濟諸事宜。匪過平越時，專員聶光與匪奮戰陣亡，
匪過石阡時，外國教士有被擄劫，經多方設法營救，始
得生還。匪過貴陽城北部數十里之札佐時，大軍追趕不
及，貴陽空虛，危在旦夕，當斯時也，只得以省保安團
隊與匪主力接戰。該團隊深明大義，奮勇殺敵，死傷甚
重，使貴陽城轉危為安，厥功甚偉，故特舉行剿匪陣亡
軍民追悼大會，以慰彼等在天之靈。更以平越專員聶光
此次固守地方，臨難捐軀，尤為義烈，經省政會決議，
于平越所屬馬場坪建立紀念塔，其平越死亡士紳亦在縣
城酌立碑塔，以式久遠。聶專員靈柩移省公祭後，護送
湖北原籍安葬。此乃辦理善後大概情形也。

貴州綏靖主任先後更換之經過

廿四年春，中央軍克復貴陽城，以薛岳為綏靖主
任。嗣薛率部入川追剿朱、毛股匪，以陳誠任綏靖主
任。嗣陳調湖北，以顧祝同任綏靖主任。同年十一月顧
調重慶行營主任，以余兼任綏靖主任。余因離開軍事已
久，立志不願再管軍事，去電力辭，未蒙允准。不得已
在新任未派定之先，對于綏靖重要事件暫時予以照料，
其日常事務由綏署柳參謀長多負責任，仍一面請中央另
簡賢能。一直拖延至今年二月，中央始派劉興為駐黔綏

靖主任。此乃主任更換之情形也。

龍雲任滇黔綏靖主任，余請假離黔

剿匪重心既移雲南，雲南當局龍雲派陳養初代表來
黔，有所接洽。據陳云：「龍雲希望任黔滇綏靖主任，
並擬推薦貴州省興義區行政督察專員。」余答曰：「為
兩省聯繫起見，興義區專員可以考慮，至滇黔綏靖主任
有關西南團結與安危，未便贊同。」因李宗仁迭次要求
桂黔綏靖主任，中央未予允准，現在西南剿匪已入善後
階段，地方日趨安定，如任龍雲為綏靖主任，則廣西必
誤會用滇以制桂。但龍雲一面向中央請求，而中央竟允
其所請。余深知西南危機之所在，只得以去就精神向中
央進言，故于四月七日電蔣委員長（兼行政院長）請求
晉京面商，並表示去黔之意，請覓替人。得復電現擬入
川視察，請暫緩入京云云。

四月十六日蔣委員長飛抵重慶，約余晤談，當即派
民政廳長曹經沅暫代省府主席，于十七日午後與周秘書
昆田各乘一架戰鬥機，于午後三時許飛抵重慶。蔣委員
長已先到機場，約余即時一同飛成都，余因由黔飛渝氣
候惡劣，過于疲困，必須休息，未能同行，蔣即起飛。

四月十八日蔣委員長派專機來渝迎接，余偕周昆
田、杜協民（大公報記者）等午後一時許起飛，三時飛
抵成都，這是余第一次到此名城，遂接見唐式遵、鄧錫
侯、劉文輝、潘文華等川軍軍長。本晚（十八日）七時
在軍分校謁蔣委員長，同進晚餐，其談話要點為團結西
南，一致對外，余強調中央既不允許桂系多次要求給予

桂黔主任，而遽允許龍雲要求給予滇黔綏靖主任，則西
南再起糾紛，勢所難免。蔣要我兼任滇黔綏靖副主任，
我堅決說明萬萬不可以，今非昔比，西南之形勢而論，
我在貴州效用已經過去，應請准予辭去省主席。因時間
關係，未得結論，約定明日再談。返寓後又去親筆函，
以明去志。

　　四月十九日蔣約午飯後，繼續昨晚談話。蔣約我一
同赴昆明一遊，余答以現時情況未便隨往，更說明為保
留將來對西南說話餘地，確有准我辭去貴州省主席之必
要，倘即時覓不出替人，或先准假，俾好返滬與西南諸
同人切實磋商。蔣聽我昨晚與今日表示去志之堅決，頗
為感動，答曰請假可以考慮，接連又說下次再談，如此
余可以離黔矣。適重慶行營主任顧祝同到成都，本晚謁
蔣委員長，余再託顧向蔣表示去黔之決心。顧于夜十一
時來告，已決定先准兩月假期，余無任欣慰，擬明日再
謁蔣，可作最後決定矣。

　　連日在成都承劉主席輔臣（湘）及其他軍政首要鄧
錫侯、鄧鳴階等殷殷招待，至深感謝。余因第一次蒞
蓉，機會難得，特偕周昆田諸君作三日遊覽。第一日謁
武侯祠，屋宇宏敞，松柏參天，烈昭陵在右側，一代英
雄而今安在。繼遊南台寺，華西大學在焉，林園優美，車
繞一週。續遊東門外公園，為唐才女薛濤枇杷門巷故
址，內有薛濤井、望江樓諸勝蹟。時至黃昏，至少城公
園，遊人如鯽，男女雜沓。第二日遊草堂寺，杜公祠在
焉，浣花溪亦在其側。繼遊二仙庵、青羊宮，均屬道教
香火地，春季花會即以此為中心場所。繼遊文殊庵，為

四川佛教重地，廟宇宏敞，規模偉大，適逢僧眾上課，秩序井然。第三日遊新都縣之桂湖及寶光寺，該寺有楠木古林極偉，觀有桂花數百株，為四川有名之名勝。

蔣委員長于昨（廿二）日飛昆明，余今（廿三）日上午七時偕周昆田飛西安，八時過劍閣，十時許飛抵西安。承省府各廳委及綏署代表到機場歡迎，下榻西京招待所，拜訪軍政各當局。余此次路過西安，擬乘機一遊各名勝古蹟，西安街道寬敞，悠然念及周、秦、漢、唐時代之規模。午後往遊大、小雁塔，聞大塔唐玄奘所建，小塔唐中宗時宮女所建。繼遊碑林，石刻叢立，而以唐開成石經及大秦景教流行中國碑最有價值。

四月廿四日上午八時偕王翰存、周昆田往遊西部名勝，過渭水至咸陽。十一時至漢茂陵，氣勢雄偉，念及好大喜功之武帝，不禁為之黯然。其右側為李夫人墓，左側為衛青、霍去病及霍光之墓，去病墓舍內有馬踏匈奴古蹟。茂陵東約十餘里為周文王、武王陵，祠宇為清代所建，尚稱完善。登文王陵，遠望周公墓及成、康二陵與漢昭、元、平、哀四陵。返經阿房宮舊址，早成耕田，僅餘一斷壞之石人耳。

四月廿五日因在西安人事上之酬酢過繁，擬赴臨潼縣休息。上午十一時離西安，西北剿匪副總司令張學良、陝西省主席邵力子等親來送行，並晤談西北剿匪諸事宜。午十二時至臨潼，住華清池，即楊貴妃賜浴承恩之地。午後遊秦始皇陵，陵前對渭水，後靠驪山，頗具形勝。四時入貴妃池沐浴，溫泉水滑，甚為舒暢。夜二時至臨潼站，趁車東下。

四月廿六日晨過潼關，左臨大河，右傍高山，形勢
極為險要。九時過函谷關，河南自鞏縣以西民多穴居，
或由木材缺乏之故歟。廿七日晨七時抵徐州，須換車南
下，暫住徐州招待所休息。雖只有數小時耽擱，但仍
擬一遊各名勝為快，即偕昆田往遊華陀寺、掛劍台、戲
馬台、雲龍山等處。雲龍山有大佛寺，佛高數丈，僅半
身，係就山石琢成者，聞係曹丕時物。午十二時乘平滬
通車南下，晚八時四十五分抵浦口，隨即過江，趕夜
十二時車回蘇州。

西南糾紛復起，陳濟棠下野，李宗仁仍據廣西

自發表龍雲滇黔綏靖主任後，粵、桂大感不安，據
廣西駐滬代表黃建平來告：「蔣委員長有電致白健生
（崇禧），囑派員與吳主席接洽。白來電派張伯璇（定
璠）兄負責代表，並由建平協助洽商一切。」余從五月
一日起在上海與張伯璇等交換意見。余首先表明個人立
場，託張轉達兩廣，大意是余出任貴州省主席，消極在
安定西南，似已做到，積極在團結西南，尚有待于努
力。尤以昨年第五次代表大會，李德鄰來京出席大會，
此為團結之良機，不料未成事實，真是可惜。今年春間
余南遊兩廣，亦未得要領。現在糾紛復起，如戀棧不
去，不但無補時艱，亦且有失過去之諾言，不得不離開
貴州，亦決不再回貴州。今後仍願以個人名義奔走團結
救國，以償素願。

經與張伯璇、黃建平磋商結果，以當前情勢只有李
德鄰、白健生二人中有一人來京與蔣委員長見面，于

時局最有利益。遂與李、白往返電商可以考慮見面，而蔣委員長亦願與李、白見面，並由張伯璇、胡宗陳（白友人）先後赴粵促李、白早日前來。迨伯璇六月四日返滬，云各走極端，無結果而返。未幾胡宗陳返滬，亦說時局沉悶，變化如何，頗難預定。我們用了一個多月的功夫，如此無結果，令人怏怏。

忽然流言四起，紛傳雙方增兵，但雙方都加以否認。中央並謂近數日來，以團結全國，抵禦外侮，消滅赤匪，復興民族，此乃全國所共見者。同盟社所傳湘省增兵，完全無稽，自去年土匪竄西北各省後，中央即將南方部隊絡續調西北，澈底清剿云云。

六月九日兩廣藉口中央增兵湘南、贛南、閩南及貴州各地，遂命廣西軍開入湘境，並擬用抗日軍名義以資號召，如此轉變，殊出意料所不及。

六月十日蔣委員長約余見面，詢余對兩廣軍事之意見。余坦白進言，大意是：「凡用兵之勝負決定于事先之計算，如民國廿二年冬，駐福建十九路軍之變亂，我應約于是（廿二）年十二月卅日飛抵浦城縣。你問當時之軍事，我判斷中央軍以壓倒優勢，十九路軍決難抵抗，可能在古田一次小會戰，該軍如由上府、龍岩一帶潰退，可能有一部退至廣東邊境，歸陳濟棠收編。如由沿海潰退，必全軍覆沒，至廣東陳濟棠對陳銘樞素有隔閡，取隔岸觀火態度。我這次判斷非常準確，其結果十九路軍沿海潰退，經中央海陸兩軍截擊，而一敗塗地，中央軍大獲全勝。戰果就是用兵勝負決定于事先之計算道理，現在對于廣東軍事尚有方法可以算準的，對

于廣西沒有方法可以算準的，我是主張團結內部，抵抗外侮。」蔣尚未待我說明廣西無法算準之理由，立即曰：「廣東可以算準，就弄廣東好了。」語氣很為不平，我曰：「你去弄弄看吧。」彼此多年老友，以這次談話最不愉快，好在是研究問題，主觀不同與私人感情無傷。蓋廣西山地崎嶇，軍民團結，而柳州、慶遠、百色、龍州一帶氣候惡劣，且安南或可為最後退路，所謂天時、地利、人和都于中央軍不利，如此用兵則為兵家所忌。

時局雖然緊張，吾人對于和平仍當努力，于六月十一日急電南中諸當局，說明國家之利害及兩廣之利害，作最後和平之呼號。

得李德鄰等復電，主張息內爭以禦外侮。張伯璇來告，南軍確已停止前進，或可不致發生戰爭。我以茲事體大，恐非我一人可以負此調和責任者，特分訪老同志居覺生、張靜江、許汝為諸兄，請一致主張和平，並幫同運用，他們深以為然。

北方將領宋哲元等迭次通電政府及院部，呼籲和平。

六月廿六日蔣委員長對記者發表談話，謂中央決貫澈和平統一政策，希望各省遵循，擁護中央，兩廣如服從，伊必推心置腹，一視同仁，決不追究既往，亦決不令其他各省軍隊越入粵、桂云云。

現在華北將領宋哲元等主張和平，兩廣將領陳、李、白主張抗日救國，中央則主張整飭綱紀，各說各理，須要在三種原則中覓一解途徑，方可了事。

廣東內部發生變化，陳濟棠所部重要將領余漢謀通

電擁護中央，並來京出席二中全會。

　　七月十日晨五時半到陵園，在總理陵前參加五屆二中全會開幕典禮，與全中央委員一百六十五人于上午八時在中央黨部接開預備會議。

　　七月十三日二中全會第二次大會，決議要案數件：

一、撤銷西南執行部及西南政務委員會。

二、組織國防委員會，以西南之陳濟棠、李宗仁、白崇禧為委員。

三、主席團提議任余漢謀為廣東省綏靖主任，又李宗仁、白崇禧為廣西省綏靖主任及副主任。

　　廣東空軍黃光銳所部飛來中央，余漢謀所部向韶關、翁源推進，粵軍在英德、軍田一帶佈防，桂軍東下增援。陳濟棠見大勢已去，于七月十七日通電下野，中央軍開進廣東，從此中央對于廣東問題得以根本解決矣。

　　廣西因廣東失敗而孤立，李德鄰來電仍主抗日，我電李德鄰，中央既已決心抗日，望即日就廣西綏靖主任職，一切問題自然迎刃而解。蔣委員長亦來電謂德鄰尚不信誠意，請他來京視察面商如何。當將此電轉德鄰，惟德鄰猶疑不定，未能採我意見即日就職，未免失計。

　　七月廿六日中央忽改令李宗仁為軍事委員會常務委員、白崇禧為浙江省政府主席、黃紹雄為廣西綏靖主任、李品仙為副主任。李、白抗不奉命，並促黃紹雄返桂，一面集中部隊作背城一戰，中央軍亦迫近桂邊，形勢突然緊張，入于嚴重階段，兩軍對持一個多月。嗣由居覺生諸老同志親赴廣西調解。至九月二日中央發表李

宗仁為廣西綏靖主任、白崇禧為軍事委員會常務委員，
此乃解決桂方第三次命令。至九月十二日李宗仁通電，
擬十六日就中央新委、廣西綏靖主任新職。十七日李宗
仁親謁蔣委員長，于廣州歸還軍權，如此化干戈為玉
帛，誠黨國之大幸。此次西南糾紛自四月中旬至九月中
旬，凡五個月之久，其變化無常，吾人從中奔走呼號，
心力用盡，今者完成，和平統一，薄海歡耀。我在公私
兩方面均較任何人為愉快，希望各方本成事不說之古
訓，加強團結，抵抗日寇。

改組貴州省政府，以顧祝同繼任省主席

　　我從前擔任省主席時曾申明：「以團結西南為最高
原則，倘團結破裂或效用過去，我即離開貴州。」自龍
雲任滇黔綏靖主任後，不但西南團結破裂，而且主席效
用亦經過去，為實踐諾言，所以迭次堅請辭職。中央
因正有事于兩廣，一再延緩，至七月十六日致蔣行政院
長親筆函，推薦顧祝同繼任貴州省主席。八月二日中央
發表改組貴州省政府命令，余辭職照准，顧祝同繼任省
主席，余不勝欣慰之至。顧主席來電，擬將原任教育廳
長葉元龍調重慶行營第二廳長，其遺缺由張志韓繼任，
原任民政廳長曹經沅調省府秘書長，其遺缺以韓德勤繼
任，其財政、建設兩廳長仍舊留任。新主席用人自有權
衡，今顧主席來電詢余意見，在公在私均令人感佩，當
即復電表示贊同。

　　余治理貴州之方針，重點既在政治，又遭遇朱毛、
蕭賀兩度擾亂，可以說大部份時間與精神都用在團結西

南與清剿赤匪，幸得諸同仁之協助，得以度過難關，平安離黔。茲將過去工作約略言之：

一、西南與中央雖時離時合，但現在已經統一。

二、全省土匪肅清，秩序恢復。

三、有關交通者，湘黔、桂黔、川黔、滇黔四大公路之修建業已完成，這是西南抗日重要之交通線。

四、有關財政者：

　　甲、貴州人民最困苦是食鹽，向由奸商與軍閥勾結包運川鹽，人民叫苦連天，經與川運使簽定，由四川鹽稅項下協助省庫一百五十萬元，黔省取銷包商，自由販賣，同時停徵鹽附加稅，如此省庫收入增加，人民可食廉價的鹽。

　　乙、貴州鴉片遍全省，軍閥以此為軍餉，省府以此為政費，毒害人民，熟有甚于此者，吾人決心嚴禁，經省府會議通過，首先取銷種煙牌照稅，人心大快，一面分期禁絕，現在已大體完成，其肅清之期乃指顧間耳。

　　丙、裁去惡稅，整理正稅，裁撤冗員，節省開支，所以預算已能收支平衡。

五、關于教育者，因時間與經費關係，只得用漸近的方法，如各縣學校經赤匪的破壞者，業已一律恢復，其他各校亦經予以整理，並新辦職業學校、苗民學校及圖書館等等。

出任蒙藏委員會委員長

八月八日國民政府特任吳忠信為蒙藏委員會委員

長，蔣行政院長由粵來電，促余入京就職。余八月十五
日偕周昆田進京。十六日上午訪蒙藏委員會趙副委員長
丕廉（芷青，山西五台人）商接任日期，決定十八日先
行到會視事。下午趙副委員長來告蒙藏委員會一般情
形，接見蒙藏委員會處長、參事楚明善、孔慶宗等。

　　十八日上午八時到會視事，先與各委員見面，再至
大禮堂接見全體職員並致詞，大意是：「蒙古、西藏乃
國家之屏障，中央以蒙藏歷史、地理、風俗習慣種種特
殊，特設蒙藏委員會專管其事。現在國際形勢錯綜複
雜，皆於蒙藏不利，外蒙古早經蘇俄策動獨立，熱河又
為日本歸併滿洲，察哈爾、綏遠岌岌可危，新疆不奉中
央命令，西藏亦為英國所控制，如此危急，本會責任甚
為艱鉅，亟待吾人共同努力，挽回頹勢。諸同人多係熟
習蒙藏專門人才，多年服務本會，尚望安心供職，本人
今後當多所倚重也。」

　　發表曾少魯、周昆田兩位青年為蒙藏委員會簡任秘
書、吳魯書、張國書等為科長，均係前任帶走人員之
遺缺。

　　九月廿八日上午九時，國民政府補行蒙藏委員會委
員長宣誓典禮，與余同時宣誓者尚有審計部長林雲陔、
滇黔監察使任可澄、監察委員童冠賢、立法委員葉夏
聲、馮自由、艾沙、林庚白等。國府林主席親臨主持，
中央黨部派張委員繼監視。余等宣誓畢，林、張兩公先
後致詞，語多鼓勵，尤以林主席強調此次中央派大員主
持蒙藏，則蒙藏前途必多收獲等語。余答詞值此邊疆多
事之際，忠信學淺才疏，深感責任之重大，請中央各同

志、各長官不吝指導，俾免隕越。典禮四十分鐘完成。

調整藏事處，西藏政府對中央態度大好轉

　　查前藏達賴喇嘛係教主兼藏王，總攬全藏一切政教大權，而班禪喇嘛主持後藏教務，不能管理政務。民國十三年達賴、班禪彼此失和，班禪走內地到北京，受北政府之歡迎，迨本黨定都南京，班禪南來，受政府熱烈歡迎，而政府大員紛紛受班禪洗禮為其弟子。中央關于藏事多請教于班禪，所以班禪推薦其教下親信堪布羅桑堅贊為蒙藏委員會藏事處長，西藏政府及駐京代表堅決反對。因反對班禪，甚至對蒙藏委員會亦表不滿，且謂蒙藏委員會藏事處為班禪一派。藏事處其呈中央公文多不經由蒙藏委員會，蒙藏會不得已，在委員長辦公室內專派一秘書洽辦西藏駐京代表諸事宜，而羅桑堅贊時常不到藏事處辦公，藏事處等于虛設，殊不成事體。迭任蒙藏委員會委員長礙于班禪之權勢與信仰班禪中央大員之支持，對羅桑堅贊無法更動，亦不敢更動，弄到蒙藏委員會不能行使職權。至廿三年十二月達賴圓寂，班禪認為有機可乘，即擬回藏，而中央亦欲藉班禪力量解決西藏問題，因准許班禪入藏。遂于廿四年五月由南京出發，中央派護送專使率儀仗隊護送西行，班禪沿途行動遲緩，至本（廿四）年秋季始抵青海之玉樹。西藏在此期間，藉口拒絕中央官兵，迭表反對入藏，交通多予封鎖，而英人復從旁干涉，遂使班禪西進發生重大阻礙。中央既欲借重班禪，而西藏政府攻擊班禪愈烈。余奉命為蒙藏委員長後，西藏駐代表阿汪桑丹、格敦恪典、圖

丹桑結及前代表阿汪堅贊等，每次來見都是反對班禪，
並忠告蒙藏會，中央改變對班禪的態度，則中央與西藏
間的問題自易解決，而西藏攝政熱振呼圖克圖亦派代表
龍圖嘉錯來京表示誠意，希望中央變更對西藏的態度。
余感當前西藏之情況，班禪入藏既已受阻，為調和班禪
與拉薩政府情感，以及將來恢復中央與西藏關係，必定
要從藏事處人事著手，決定更換羅桑堅贊。大家認為不
易成為事實，故于十二月三日晚，託本會冷委員融告羅
桑堅贊，吳委員長擬調你任參事。冷來電話，羅說要班
禪大師同意。余再加派周秘書昆田幫冷說話，並強調吳
委員長用人班禪不能干涉的，吳委員長個性堅強，既已
決定不會改變。羅答調後請告大師如何，冷、周答可以
的。十二月四日上午九時召開蒙藏會常務會議，余臨時
提案，本會藏事處長羅桑堅贊調參事，所遺藏事處長缺
以參事孔慶宗調任。當時有某委員表示，這件事要請行
政院決定的。余曰這是委員長應有之權衡，如請院方決
定可能調換不動，惟在手續上應呈由院會通過，於是決
議先令孔慶宗代理處長，余並令孔即于本日接事，如不
機密迅速，可能有要人為羅說話。西藏駐京代表聞之非
常快慰，即電告西藏，而藏政府不以為真，復電曰果有
其事，則中央對西藏有誠意了，蒙藏會與西藏合作了。
故此一舉措實係表示中央對藏政策之大轉變，由此遂立
下對於藏事處理之良好基礎，亦是余到會後最有決心與
精神，為人所多年不能為的事。從此蒙藏委員會對內對
外始為人所重視。

西安事變

　　十二月十二日西安突變，張學良劫持行政院長兼軍事委員會委員長蔣公，發出通電，提出八項主張，推翻政府，全體同志憤慨異常，一致奮起整飭紀綱。中央會議通過明令褫奪張學良一切官職，下令討伐，派何應欽為討逆總司令。中央軍向西安包圍急進，飛機轟炸洛陽與西安間之鐵路，張學良深感局勢嚴重，自知勢窮力竭，乃釋同時被拘蔣鼎文先返南京商談。鼎文十八日抵京報告蔣公安全與健康，復隨蔣夫人赴西安。廿五日張學良送蔣公回京，先至洛陽，廿八日抵京，民眾熱烈歡迎，萬人空巷，薄海同歡，人民意志益見集中。是役被難者中委邵元冲、禁衛主任蔣孝先、隨從秘書蕭洒華諸人。按當時陝西境內共匪幾已淪于末路，西安事變乃給予長期喘息機會，解救其瓦解命運，遺下中國禍根，演成此後之種種慘劇。

　　二十八日上午九時半，蔣約我談話。他躺在籐榻上，說在臨潼背部受傷，不能起坐，繼說伊兄錫侯（介卿）在奉化逝世等等，余多方加以安慰。又說聞緯國的娘來南京，轉告他不要去奉化。余答曰：「緯國娘忽聞你在西安遇難，萬分情急，這也是人之恆情，已由內人陪他回蘇州去了。我即轉告他不要去奉化。」

　　蔣回奉化休息期間，約我偕張伯璇前往晤談。我說西安事變，當時你如有一營衛隊在身邊，我相信以你的勇敢，一定可以突圍的。蔣曰是的，如有一營衛隊，一定可以打到飛機場的，看到飛機無法往乘。我接著說你一身繫天下之安危，無論到什麼地方，安全第一，以西

安之經驗，今後要建立強有力的衛隊。我又舉湘、淮軍
之組織，以中前左右後哨（連）為一營，其中哨由營長
兼任，又以中前左右後五營或三營設一統領，中營由統
領兼營長，所謂中哨、中營就是營長統領親軍衛隊，所
以湘、淮軍能以平定洪楊，在組織上實具有此一優點。
蔣曰今後要注意這件事。

徐固卿（紹楨）老先生逝世

九月十三日晨徐固卿（紹楨）老先生在滬逝世，享
壽七十六歲。余即往弔唁，並由余及孫哲生等組織治喪
委員會，國民政府公佈公葬固老于總理陵東之公葬墓
園。固老曾任江南第九鎮統制、江北提督，辛亥革命任
江浙聯軍總司令，攻克南京後任衛戍總督，現任國府委
員。余在滿清時，自丙午年起即在其部下任營長、參
謀、執法等職。辛亥革命，余任固老江浙聯軍總執法官
兼兵站總監。固老對余感情甚厚，特加賞識，尤其在丁
未年，余因同學烈士楊卓林（恢）牽連，兩江總督端方
將治余罪，固老以身家擔保，其結果撤去營長兵權，調
鎮司令部正執法官，此乃余畢生對固老不能忘懷者也
（詳情有丁未年記載）。

段芝泉（祺瑞）老先生逝世

十一月三日晚八時段芝泉（祺瑞）老先生在滬逝
世，享壽七十三歲，余即赴滬弔唁。五日午後二時大
殮，政府以段功在民國，下令全國于是日下半旗，並舉
行國葬。

　　嗣撥國葬經費十萬元，組織國葬典禮委員會，派李思浩、吳光新、吳忠信、葉楚滄，楊杰、賀耀祖、姚琮、陳調元、張羣、秦德純、魏宗漢等為委員。關于芝老墓地，余主張黃山或合肥原籍，但家屬主張葬北京。十二月八日上八時午，芝老靈櫬過南京北上，政府高級官吏到下關車站路祭，安徽同鄉公祭推余主祭，靈車隨即過江。以國民黨厚葬非國民黨人，以芝老為第一人，而撥十萬元國葬費亦無先例。蓋棺論定，芝老誠可謂是愛國家、愛民族，薄海同欽之人矣。

民國日記 98
吳忠信日記補編（上）
The Diaries of Wu Chung-hsin, Supplement - I

原　　著　吳忠信
主　　編　王文隆
總 編 輯　陳新林、呂芳上
執行編輯　李佳若
封面設計　陳新林
排　　版　溫心忻

出　　版　🛡開源書局出版有限公司

香港金鐘夏愨道 18 號海富中心
1 座 26 樓 06 室
TEL：+852-35860995

🌼 民國歷史文化學社 有限公司

10646 台北市大安區羅斯福路三段
37 號 7 樓之 1
TEL：+886-2-2369-6912
FAX：+886-2-2369-6990

初版一刷　2022 年 10 月 31 日
定　　價　新台幣 400 元
　　　　　港　幣 110 元
　　　　　美　元　15 元
I S B N　978-626-7157-63-3
印　　刷　長達印刷有限公司
　　　　　台北市西園路二段 50 巷 4 弄 21 號
　　　　　TEL：+886-2-2304-0488

http://www.rchcs.com.tw

國家圖書館出版品預行編目 (CIP) 資料

吳忠信日記補編 = The diaries of Wu Chung-
hsin, supplement/ 吳忠信原著；王文隆主編 . --
初版 . -- 臺北市：民國歷史文化學社有限公司，
2022.10

　冊；　公分 . -- (民國日記；98-99)

ISBN 978-626-7157-63-3　(上冊：平裝). --
ISBN 978-626-7157-64-0　(下冊：平裝)

1.CST: 吳忠信　2.CST: 傳記

782.887　　　　　　　　　　111015371